中华先贤人物故事汇

百里奚

阎扶 著

中华书局

图书在版编目(CIP)数据

百里奚/阎扶著. —北京:中华书局,2020.11(2024.3 重印)
(中华先贤人物故事汇)
ISBN 978-7-101-14355-3

Ⅰ.百… Ⅱ.阎… Ⅲ.百里奚-生平事迹 Ⅳ.K827=25

中国版本图书馆 CIP 数据核字(2019)第 300615 号

书　　名	百里奚	
著　　者	阎 扶	
丛 书 名	中华先贤人物故事汇	
责任编辑	焦雅君　董邦冠	
责任印制	管 斌	
出版发行	中华书局	
	(北京市丰台区太平桥西里 38 号　100073)	
	http://www.zhbc.com.cn	
	E-mail:zhbc@zhbc.com.cn	
印　　刷	三河市宏达印刷有限公司	
版　　次	2020 年 11 月第 1 版	
	2024 年 3 月第 3 次印刷	
规　　格	开本/787×1092 毫米　1/32	
	印张 4¼　插页 2　字数 50 千字	
印　　数	9001-12000 册	
国际书号	ISBN 978-7-101-14355-3	
定　　价	20.00 元	

出 版 说 明

孔子周游列国，创立儒家学说；张骞出使西域，开辟丝绸之路；书圣王羲之，留下了曲水流觞的佳话；诗仙李白，写下了"举头望明月，低头思故乡"的名篇；王安石为纠正时弊，推行变法；李时珍广集博采，躬亲实践，编撰医药学名著《本草纲目》……

这些杰出的历史人物，有的是在中华民族文明进程中做出过突出贡献、对后世产生过巨大影响的思想家、政治家，有的是对中华优秀传统文化的传承传播发挥过重大作用的文学家、艺术家、科学家，有的是为国家安定统一、民族融合团结和中外文化交流做出过杰出贡献的军事家、外交家……他们为中华民族的繁荣发展做出了伟大的贡献，他们的行为事迹、风范品格为当世楷模，并垂范后世。

他们是中华民族的先贤人物。他们的思想、品德、事迹，是中华优秀传统文化的结晶。他们的故事，是对中华民族的禀赋、特点和气质最生动、最鲜活的阐释。他们的名字，在五千年中华文明史上最为光彩夺目。他们为五千年中华文明史书写了最为光辉灿烂的篇章。

为了解先贤，走近先贤，我们精心组织编写了这套《中华先贤人物故事汇》丛书。以详实可靠的史料为依据，以细腻动人的故事为载体，真实地呈现中华先贤人物的事迹、品格和精神风貌，彰显他们的贡献和功绩，以激发人们对国家民族的热爱，对中华文明、中华优秀传统文化的崇敬。

开卷有益，期待这套丛书成为你的良师益友。

目 录

导 读

　　春秋前期，由于放手任用外来人才，偏居西陲的秦国迅速崛起。在引进的一批客卿中，百里奚（约前726—前621）极具传奇色彩。他出身贫寒，历尽坎坷，老迈之年才得以施展抱负，辅佐秦穆公成就霸业。两千多年来，百里奚的故事与业绩为人津津乐道。

　　百里奚本是虞国人，中年外出到齐国谋事，又到成周为王子颓饲牛。辗转返回故国当上大夫，不料却在晋献公灭虞后做了俘虏。秦穆公向晋国求婚，百里奚成为陪嫁的奴隶。在去往秦国的路上，他寻机逃至楚国宛邑，又做起了为人饲牛的老行当。秦穆公闻听他的贤名，用五张羊皮将他赎买，授以国政。百里奚向秦穆公推荐了他的老朋友蹇叔。关于百里奚，广为人知的就是羊皮换相的故事了。而在戏剧舞台上，还有一个百里奚认妻的故事久演不衰。传说百里奚当年外出求仕，妻子杜氏劈了门闩当柴烧，炖了家里的老母鸡为他送行。听到丈夫在秦为相，杜氏找上门来，唱了一阕《扊扅（yǎn yí）歌》，两人得以相认。

在百里奚的治理下，秦国对内发展生产，对外影响日益增大。晋国发生饥荒，秦穆公听从百里奚的劝说，不计前嫌，将粮食借给晋国。百里奚的儿子孟明视屡败屡战，终于大胜晋国，不能不说与百里奚的教诲有关。受到百里奚的感化，戎人部落纷纷归附，秦国开地千里。

百里奚以民为本，德行天下，勤于政务，生活简朴。他生前，深受秦人爱戴。他死后，秦国百姓痛哭流涕，表达了深深的怀念之情。

虞坂道上

　　比漆还黑，存放长久的漆，放出的光——能照出人影的光，也没它黑。高昂的头颅，直挺的脊背，左右甩动的长尾，四只交替的蹄子，都是一般黑。它仿佛刚从昨夜的星辰间飞下来，刚落到地上，还没被日光照射。

　　马走在队列前头，由人牵着。崎岖险峻的小道越升越高。真是一匹神骏，跟在马后的人，胜利者与失败者，谁瞥一眼，都会打心底里暗暗赞叹。人群中的百里奚，刚刚做了晋军俘虏的虞国大夫，这会儿正盯着它。

　　晋国此次借道南下，吞并虢国，返回途中又将虞国灭了。在位已有二十二年的晋侯不顾老迈，也披挂出征了。

晋侯、荀息和里克乘着车。车有时贴着左边崖壁，有时贴着右边崖壁。拉车的两匹马若隐若现。嘚嘚的马蹄声，辚辚的车轮声，杂沓的脚步声，向高处飘。

"荀息大夫，多亏你的好主意！"站在车左边的晋侯两手紧握着车前的横木。

"两件宝贝，君上当初可真舍不得，今天都物归原主了！"山路艰难，执辔的荀息一刻不停地注视路面。"璧还是那么水灵、那么圆润。马呢，不也是好好的——"他拉了拉缰绳，瞅了一眼前面那匹漆黑的马。"也没瘦，也没肥，也没损失一根毫毛。"

晋侯和里克都将目光投向那匹马。

青石地面辗出辙印。在什么时候，是谁开凿了这道青石槽？此刻走得匆忙，没人想这个问题。有人说是在隆冬打进钎子，浇上水，让结出的冰撑破巨大的石头。也有传说是用火，用山北池里的盐，使之碎裂的。这么窄的只容一辆车的逼仄山道，怎能通过穆王的八匹神骏呢？

"虞公真贪婪，听说当年，还向他的弟弟要过一块玉？"站在车右边的里克，把脸扭向左边。

"虞叔开始不想给，后来害怕，只得出让。"荀息回答，"不知那是一块怎样的玉，想来没有君上的璧好。"他把头转向晋侯，又转向里克。"不料虞公还不满足，再向虞叔索要一把剑。"

"那可是把好剑！"昨天上午，里克将它献给晋侯。此刻晋侯脑子里浮现出那件珍物。青碧玉柄打磨得光亮，顶部镌出虎头。剑身不用青铜，而用钢铁铸出，寒光凛冽，使人双眼发凉。走出虞国府库，晋侯与里克站在日光里，摩挲了好一会儿。"贪得无厌，落到如此下场。"里克斩钉截铁地说。

"虞叔这下可不干了，起来讨伐他的哥哥，为此虞公还出逃了一阵子。"

咯噔一下，车轴擦上青石槽边，溅出火星，车上三个人都晃了一下。

"君子爱财，要取之有道。"晋侯声音低沉，甚至有点儿沙哑。"虞公愚蠢昏聩，为了眼前蝇头小利，忘掉国家，这不是一个国君应该做的。"他踌躇满志，"一个国君，胸中得装着整个国家。在他手上，国家要越来越强大。"闭紧嘴巴，思索了一下，晋侯才又开口："这个'道'是什么呢？"他忽然陷入沉思，但没有等待右边两个臣子回答的意思。

荀息分开双臂，将两条缰绳撇了撇："君上，这个虞公不值得杀，依臣之见，不如留着，将虞人迁往别处就是了。"

"荀息大夫说得有理！"里克附和。

春末夏初，虞国都城，到处弥漫着槐米的清香，让人很放松。

山上比山下冷一些。好在这是午后，又在灭了虢、虞两国之后。晋侯、荀息和里克的脸上充溢着胜利的喜悦，不觉得身上冷。战斗进行得如此顺利，特别是灭虞，不费吹灰之力。有些士兵甚至会失望，这哪里算打仗，没杀几个敌人，自己身上也没带一点儿伤，都不好意思说上了战场。

走在道上的虞公，却觉得冷极了。一夜之间，他憔悴了。虽然笄还插着，但发却松松散散。灰白的乱发让人瞧了黯然神伤。百里奚侧过脸，看到君上目光呆滞无神。一阵寒风吹过，牙齿噼噼地哆嗦。虞公有些累了，他哪里走过这样难走的路。虞公望着百里奚，似乎想求得一些谅解、一些安慰。

"没听宫之奇的劝谏，悔之晚矣！"虞公对百里奚叹息道："那时，你怎么不发言！"

三年前，荀息手牵着马，怀揣着璧，来向虞国借道，讨伐南面的虢国。多少年来，虢、虞互通音信，共同提防着虎视眈眈的晋。虞公手捧带着荀息体温的璧，反复掂量，他又拍了拍那马，马抬起左前蹄，又缓缓地放下，好像等待回答。虞公眼里放光答道："好，好，我们将助晋国一臂之力，给晋国打前阵如何？""荀息大夫，容再等等，我们商议商议。"一脸严肃的宫之奇突然发话。"这个——"荀息干咳一声。"什么？宫大夫，就这么定了！"虞公呵斥道。仿佛正在兴头儿上，有人却要夺走到手的宝贝。虞公转向荀息，似乎有些歉意。

当年夏天，虞国军队加入里克、荀息率领的晋军，朝虢国宗庙所在的下阳进发。

百里奚经常看到，晴好天气里，虞公让人牵出那马，在日光下亲自为它梳洗。马的皮毛黑油油的，仿佛随时要滴下一滴油来。百里奚心中升起的，与其说是忧虑，不如说是恐惧。马好像一件不祥之物、一个咒语。

三年后，荀息又来，这次他要借道伐虢。宫之奇急了："虢是虞的屏障，虢要亡了，虞也就跟着灭亡了。晋一而再再而三地侵害我国的利益……"他方正的脸膛带着气，一阵黑，一阵红，语重心长道："唇亡齿寒，说的就是虞、虢两国的关系！"

"晋与我们是同一宗族，岂会加害我们？"虞公不慌不忙，"再说，我的祭品丰盛、清洁，神会庇护我。""要说关系，我们能比得过桓叔、庄伯吗？他们与晋侯还没出五服，都是晋国的公族，晋侯还不是把他们一网打尽了吗？祭品不算数，真正能够散发香气的是德行。神灵保佑谁是依据德行，而不是看祭品。"宫之奇越来越怒了，旁边的百里奚看使眼色不行，索性拉住他的袖子。

"井伯今天不帮我说话，反而阻止，这是为什么？"从殿上退下来，宫之奇问。

"嘻，我听说在愚蠢的人面前，说半天好话，好似把珠玉撒到地上。桀杀关龙逢，纣杀比干，都是因为他们硬谏。"百里奚一边走，一边斜过身子回答。

到了家里，宫之奇还不能平静，他对儿子说："虞国将要灭亡了，我看过不了今年腊祭。君上贪图晋国的贿赂，将虢国送入虎口。这是在毁灭自己，他却不知道。晋灭虢后，回来时一定会将虞顺手占有。灾祸眼看就要降临到头上，我们不得不离开。"

"宫之奇这个人虽能硬谏，但不会拼上命。"前面车上，三个人的话一直没停下。荀息对晋侯说："宫之奇和虞公自小一块儿长大，亲昵惯了，虞公不听他的。"

一条绿色小蛇，从虞公眼前，倏地窜入草丛中。"君上不听宫之奇的，难道会听我的话吗？"百里奚也注意到了小蛇惊慌逃走。"我当日没有硬谏，就是要留待今日，能够陪伴君上。"

宫之奇带领族人出了虞都。有人说他们去了遥远的曹国，也有人说他们只不过到了虞国的西部

走在虞坂道上的虞公低头问百里奚："当时为何不劝谏?"百里奚平静地说:"我想有朝一日,等您患难之际,能陪伴君上。"

边境。还有人说，走前宫之奇还想让百里奚一同离开，百里奚回答："你一个人走就行了，要是我也相随，那你的罪过可就大了。"

仅仅三个月，虞就亡了。

山道向西转了个大弯。百里奚回头，从岭的空缺处，看到故国之都。一座不大的城，坐落在山坡前。垛口稀疏，不见一个兵的身影在垛口间穿梭。吊桥平展于池上，任人出入。平时，白天，桥后城门边，有兵守卫；到了夜晚，桥就会吊起。城门大开，城楼此刻显得那么低，好像根本起不了防御作用。置于山前的一座城，长久伫立，来自山上的雨水冲垮不了，但如今它陷落了。朝廷、宗庙社稷、仓廪、府库，一切都完好。虞人一点儿反应也没有，没来得及抵抗，也没有激起晋军的愤怒，城因此得以保全。城里城外，此刻静悄悄的。

百里奚走出客舍——城中一个小点。正是在那里，虞公热情地招待了晋侯、荀息和里克。还有哪个国家像虞国这样愚蠢到极点，前一刻，还在那里为朋友献上肉食与羹；后一刻，朋友忽然翻脸，变成敌人，不费一兵一卒，轻易就将一座坚固的城收入囊中了。

城，是傅说故乡的人民筑的。北有大山，南有大河，世世代代，当地人民居住于天险之地。

坚固又能怎样？它完好地留着，仿佛就是为了归于晋国。城里、城外没被带走的人，很快就会有新的主人了。那些建筑间会出现新的面孔，街巷也将熙攘起来。鸡鸣狗吠，一如从前。

百里奚回过神来，城的影子已模糊而不可辨。

答舟之侨

昨夜大风呜呜，熹微时分，风住了。

路上走过一个人，瘦而高，身子前倾，似乎要一头扎进寒冷，又像要拔腿躲避。他的裘衣有些紧，有些旧，毛色白中杂黑。

祭祀司寒的北方之神玄冥的仪式举行过后，就要开始藏冰了。他着急地赶往城的西北角。

还是晚了，人群已经散去。在门开向北的冰窖前，距离七步远，一块长条石祭台上，祭品是用作牺牲的一只黑公山羊、五把黑黍子。仪式是在窖口与祭台之间举行的。人们面向北方，礼拜那高高在上的神。神带来的寒冷虽然袭击万物，却也使它们得以休息，变得结实，重获新生。人们叩首、祈祷，请求带来更大的寒冷，以使冰块结得更厚、更硬。

"舟之侨大夫，来了？"掌管藏冰之事的凌人开口。

舟之侨答应着，看见凌人脸上冻得乌青。

"祭祀这么快就完了！"舟之侨又把目光投向祭品。

"简单，简单，年年如此。"凌人有点儿谄媚。

就这么离开，有点儿不甘心。"能下到冰窖里转转吗？"

"当然可以。"

一条斜坡通到窖下。凌人在前，舟之侨在后。冰窖很大，超出他的想象，南北略长，东西短些。地面光溜溜，显然夯过。地上一圈儿都是土面，铺着谷秆，几堆谷糠呈微鼓的圆锥形。"冰块运回来了，就放在谷秆上，上面再撒层谷糠，防止用时粘连在地上。"冰窖里光线昏暗，地面当中以及西边铺着与地面平齐的卵石，缝隙灌了沙子。"大人知道，每岁所藏的冰，最后能用的只有三分之一，大部分都化掉了。融化的水就渗入这些卵石、沙子，从西边地下流到云水里。"

云水细小，贴着冰窖，贴着绛城，西南注入浍水。

出了冰窖，舟之侨拂了拂袖子：

"有个叫百里奚的，他不在这儿？"

"哦，那个虞国来的奴隶，他去采冰了。"

"你认识他？"

"当然认得。别看他年纪大了，干起活儿来可是一把好手。"

"到浍水上采冰，为什么不直接在云水上采？"

"大人，浍水谷深流大，结下的冰厚。"凌人接着说，"云水就不行了，水流太小，冰不堪用。"

舟之侨乘车，出了城门向东南驶去。到了旷野，他冻得耳朵都要掉下来了。他左手扶着车前横木，右手捂住耳朵。一会儿，他再换过来。马蹄、车轮触地，声音清脆。御者将车驾得飞快，好快点儿赶到采冰地点。两匹马欢实地撒开蹄子，它们越跑越暖和。

进入河谷，两边壁立森森。车沿浍水北侧，开始上行。

已有拉冰的车往回赶了。巨大的冰块将车装满，轮子吃力地响。即使有四匹马拉车，也没有迎面而来的舟之侨的车快。

人影渐渐清晰。车停下，舟之侨转身跳下，走到河边高地上站住。河面平坦，几十号人，有人双手扶住钎子，有人高高抡起大锤；有人在后头使劲推，有人在前头用肩拉着捆住冰块的绳子，背过身埋下头，或者双手拽住倒着走；有人在一旁修整冰块，削掉尖棱，使其方正。两人一组，一前一后，将冰抬上坡头。

凿冰最为壮观，一锤一锤打下去，沉闷的声音回荡于河谷，锤子与钎子击出火星。冰碴迸溅，到处都是。扶钎子的、抡大锤的，脸扭过去，害怕冰碴溅着。水一小股一小股地冒了出来。一个人坐在河对岸一块大石头上。他是个跛子，左手腕坏了，掌心朝上空空地伸着。他搂着桑木拐杖，扯开嗓子："嗨呀呼嗨呀……嗨呀呼嗨呀……"

听不清词儿，歌声在冰面上回荡。

找出了百里奚，他在那儿扶着钎子。别以为他轻松，这可是个重要的技术活儿。要使冰块大小合适，达到一肘半长、一肘宽、一肘厚。更重要的是，要把冰块凿得方正，不能走形，就看手持钎子的人，怎么放下手中家伙。百里奚蹲在那儿，像别的手持钎子的人一样，脸扭向一边。

虽然出了汗，也不能摘掉帻巾，以免冰碴溅到头上。粗麻编出的褐衣，破破烂烂。鞋呢，硬而变形的革歪歪斜斜，硌得脚生疼，两个大脚趾头露了出来。

听到不远处那个人说的诙谐词儿，百里奚想起在故国年轻时在工地上的劳动情形，那才是真正的打夯歌。人们一起抬起捶，低头紧紧盯住，略一停顿，唱出一致的词儿，然后重重地砸下去。鼛（gāo）鼓咚咚，伴着鼓声，人们在欢快的歌声里努力干活儿，土墙筑得渐渐高了，版撤了下来。也许是在凿冰时人们无法一起用力气，为了鼓劲儿，才找了一个人来唱。

听着听着，百里奚忽然想起那支童谣：

十月一日那天清晨，

日光掩映龙尾星。

身披戎装排成阵，

夺取虢国的旌旗。

鹑火星鸟羽般鲜明，

天策星黯淡昏沉。

鹑火星下罢战收兵，

虢公啊！将要出奔。

　　听说这是灭虢之前流传在晋国的一支童谣。令百里奚惊讶的是其中唱到天策星。天策星即傅说星，他心目中的贤人傅说变成的星。虢国连同虞国一起亡了，但这支童谣有时还能听到。每当稚嫩的词儿传进耳中，他的心里就会很不舒服。

　　在等待装冰的那排马车边站着监工，背景是几株树，一块临时修整过的麦田，田里麦苗短小碧绿。舟之侨走向监工，那个颐指气使的人。

　　监工下坡，走上冰面，走向凿冰的人群，到了百里奚跟前。百里奚仰起头，手松开了钎子，眼瞅着监工。监工低下头，对他说些什么。百里奚站起来，打了个趔趄，还好，没有滑倒。那抡锤的，也放下手中的活儿。旁边的人自顾自地忙碌着，不时瞅上一眼，速度稍稍放缓了。监工转身走，百里奚跟着。

百里奚帻巾两侧，花白的头发飘在风中。他那么瘦，但精干、坚定。他的眉上挂着几粒细小的冰碴子。

"井伯大夫，好久不见了！"

百里奚抬头，是舟之侨。舟之侨和他一样瘦，但高，脸色发黑，耳郭大，眼里有股变动不居的光，那光随时明亮，随时黯淡。好久不见，舟之侨看上去也老了。

虢、虞两国未亡时，往来频繁，百里奚跟舟之侨熟悉得很。

"有些累吧，歇一会儿。"

"叫百里奚就行。"

"冷不冷？"

"干起活儿来，还热。"百里奚看见舟之侨冻得打抖。

"井伯，一直没有晤面，实在抱歉！"

"呵……"

"井伯，荀息大夫早就听说过你的贤名。"

"那又如何！"

"我此次来，就是奉他之意——"舟之侨有点儿小心翼翼，"晋国招揽人才，他让我告诉你，想启用你。"

百里奚的脸忽地一沉："我是亡国之臣，岂能仕于仇国！"

舟之侨的脸上有些尴尬，但随即消失了："虢公不听我的劝说，以至于亡国。"一片干枯的叶子落到他的冠上。"虞公也是没听井伯和之奇大夫的，才有今日。"

舟之侨后来提到虢公的那个梦：虢公梦见在宗庙里，看见有神长着人的面孔，虎的爪子，浑身上下都是白毛。那神手持大斧，站在庙西檐下。虢公害怕，转身就逃。"不要走开，"那神喝住了他，"我要使晋国攻破你的城门。"虢公跪拜。一觉醒来。史嚚来占卜，说那是主管刑杀的西方之神蓐收。一个不祥之兆，虢公倒让国人庆贺。舟之侨以为，虢公没明白神的旨意，反而认为是个好梦。这加重了他的罪行。过了六年，晋灭虢。虢公带上他的族人，来到晋国。

"也是天命啊!"

"十月一日那天清晨……"百里奚脑子里,又响起那支膈应的童谣,"先有人为,后有天命。人在做,天在看。天降征兆,是应人事。"

"井伯果然高明。"舟之侨话锋一转,"非但舟之侨离开故国,宫之奇大夫不也带上他的族人走了么。"

"宫之奇大夫硬谏不成,才会失望。"百里奚清清喉咙,"老朽不才,知道硬谏无用,才留待明日。但即使出仕,也不会仕于仇国。"

"我们君上好色,你们君上贪财,他们可谓咎由自取。晋侯大有作为,井伯大夫不是不知。"

"有愚蠢的君上,也有明智的君上。有叛离的臣子,也有忠心的臣子。老朽不才,但不做不忠的臣子。"

"井伯大夫素有贤名,陪伴虞公出亡,也算尽心了。"

"老朽享受国家俸禄,理应如此。"

"但是今日,井伯与我一样,是没有国家的人了。"

舟之侨完全沉浸在对百里奚的劝说中，忘记寒冷了。他的脚早已冻麻了，都没顾上跺一跺。日光照在他的裘衣上，也照在百里奚的褐衣上。

"我素知井伯是有雄心大志的人，只是如今沦为奴隶，何时才是出头之日？"

百里奚抬头，一只老雕高高掠过他们的头顶，飞越空旷河面，远远地飞到了对岸一片稀疏的林子里。老雕猛然分开宽阔翅膀，伸直扇形尾巴，向林子东南角俯冲而下，小而坚硬的脑袋犹如一枚黑箭镞，翅膀与尾巴犹如箭羽。老雕叼起一只小兽，慢慢地遁去了。

饲牛于宛

从秦国的陪嫁队伍中逃出来，百里奚一路逃至楚国宛邑。冬去春来，百里奚尽职尽责地为人饲牛。

唰唰——唰唰——水面飞来一只鸲鹆（qú yù），落在一头牛的背上。百里奚瞧它，它也盯着百里奚，一动不动。百里奚没敢动弹，怕惊扰它。

这群鸲鹆早已熟悉了他，刚来那会儿，它们的目光怯生生的，现在好多了，与饲牛的主人非常亲热。

它们黑黑的，一对小圆眼不停地转动。这里是它们的天下，它们是这块地盘的空中主人。百里

百里奚披着蓑衣在宛邑养牛。百里奚的养牛心法是：什么时候喂食，饮的水是冷是热。对牛不要施虐，不要随意呵斥。要像对亲人、朋友一样对待它。

奚这个陌生人，来到这里不过几个月。他着竹笠、蓑衣、草鞋，仿佛一直在等雨来。牛背上的鸟儿盯住他，笠上破了个角，蓑衣破破烂烂，草鞋也不完好。

牛散在草地间，有的低下头去扯断青草，有的抬起脑袋咀嚼，有的索性卧下，还有一只小牛犊，撒开蹄子蹦蹦跳跳。有时是十来头，有时是二三十头。大片的菅草直、碧而密，把一块狭长、平坦的河边地挤得满满的。

早已过午，日光不那么强烈了，但地上的热气却在升腾。

百里奚将目光投向草地间的牛，它们永远不急不慌，等待傍晚到来，等待主人吆喝，然后慢腾腾地折回。百里奚想起了曾饲养过的另一群牛。

在成周，有个叫颓的王子营造了一座巨大的园囿，里面到处都是牛。他的哥哥周釐王喜欢制作华服、兴建宫室。在周釐王生前，王子颓已经对养牛产生兴趣了。哥哥死后，各种工程停下来了。弟弟王子颓却在自己的养牛爱好中越陷越深，难以自拔。

王子颓从诸侯各国，乃至秦国西北戎狄之地，买来品种、体型、毛色、性情不同的牛，养在棚子里。棚子高大、宽敞，通风极好。喂牛的槽子用青石凿成，外部浮雕精美。饮水全从城外洛水上游运回，清澈无比，不染纤尘，多少国人都喝不上那样的水。

人们津津乐道王子颓的牛的装扮，刺绣品、绘有华丽图案的丝绢被裁成各种样式，披在牛的背上、头上。牛在园囿里散步，仿佛一朵朵移动的大花。如果牛聚拢一起，简直像是一朵层叠的巨花。王子颓与同样辛苦的仆役小心地穿梭其间。

哞——哞——成周的人，白天倒不觉得，夜晚被牛鸣声搅得做不成梦。

这些仿佛来自天上的牛，有时也被套在轭下，驾车上街。于是整条街道被人群围住，他们伸长脖子，屏住呼吸。沉缓的车、车上一言不发的人都被忽略，只有那几头花一般的牛在招摇过市。它们无辜的眼神纯净极了，眼底却映出混乱的人群。

"什么兽能比它们有文采呢？"王子颓常常自言自语，"管它们叫'文兽'好了。"

对于这种荒唐的甚至是罪恶的行径，人们越来越感到不安了。成周城破，这些牛随同他的主人，还在那里埋头搅拌饲料的王子颓，一起被杀。殷红的血液从空荡荡的园囿里渗出，一直流到街上。

百里奚把搁置在左侧的笠又拿起来，来回扇风。他站起来，向远处望去。白水对岸菅草连绵，水自北而南缓缓流过，远看细细一道，走到跟前，就会发现水面宽阔。水大时，淹没近水的菅草，它们的根部满是淤泥与细沙。河在不远处突然拐弯，向西而去，宛邑城墙倒映在水中。哞——哞——不知哪头牛拖长调子，有些忧伤地叫着。

"浩浩荡荡白净的水……"百里奚突然哼出一句，他想起宁戚，在齐国时结识的那个饲牛的宁戚。

临淄之南三十余里，有座猱（náo）山。齐国的山不大，除了齐鲁交界处的泰山。走在齐国土地上，碰到一座土包似的小山，百里奚就想，那是海水退去，露出的一座小岛的尖尖角而已。在猱山下他遇见宁戚，来自卫国的求仕的人。而他来自虞国，怀着同样的念头。他们一见如故，对饲牛两人有无尽的话。

宁戚在猱山下，为人饲牛。

"每逢到了上坡时、下坡时，牛都要站住，喘一下气。"宁戚说。

百里奚接过话头，"牛上套的时候慢，转弯的时候慢，下坡的时候慢。"

就在百里奚回到虞国拜为大夫后，留在齐国的宁戚也被重用，与管仲、隰（xí）朋一道，辅佐齐侯。

那年春天齐国伐宋，管仲的马车出了南门，到达猱山。宁戚站在一头牛的边上，用细树棍一边敲击牛角，一边低沉地唱：

浩浩荡荡白净的水，往来迅忽小小的鱼。
哪位国君来召唤我，我将在哪安居合适？

车上的管仲一边凝视前方，一边回味方才的歌："这人怕是要求出仕！"他让御者停下车，让人返回去传唤他。宁戚走过来，匆匆一番对答之后，管仲面露欣喜："想不到咫尺之间，竟有人才藏于山野。"

三天后，齐侯大队人马浩浩荡荡地经过猛山。还像那天一样，宁戚站在一头牛的边上，用细树棍，一边敲击牛角，一边低沉地唱。

只是歌词，不一样了：

> 南山白白净净，石头都干裂开了，
> 可恨平生不能遇到圣明的尧与舜。
> 短小的单布破衣裳刚能到小腿上，
> 从黄昏喂牛一直喂到快要半夜时。
> 啊，长夜漫漫，何时天才能亮呢？

齐侯听了也是一惊，让人把宁戚叫到车旁。斥责道："你为何要讽刺时政？又是遇不到圣人，又是长夜不明。"宁戚答："小人不敢！但如今也并非尧舜之世，君上杀了兄弟，得以继位。又以会盟为借口，要挟天子，号令诸侯，攻伐异己，连连出兵。"齐侯脸色铁青，喝令左右缚去砍了。侍立旁边的隰朋，急忙开口："这人不一般，不是平常放牛的，饶了他吧。"齐侯转了念头，让人松绑。宁戚才从怀中掏出管仲的推荐信。齐侯大悦，让车载上宁戚随行，当晚就于军帐中、灯火下，拜为大夫。

也有传说宁戚不是在猇山下，而是在临淄东门外碰见齐侯的。有天晚上，齐侯出城迎接客人，爝火一片光明。正在饲牛的宁戚敲击牛角，发出悲歌。齐侯惊讶之余载上了他。回到宫中，两人又是一番问答。次日又交谈了很久，齐侯力排群议重用了他。

宁戚弓着身子，行走在齐国西部，让人开垦荒地、兴修水利；他行走在齐国东部，让人填堰围海，发展渔盐。他使齐国粮仓满溢，府库充实。街上行人挥袖仿佛云彩，车马迎面而来小心相让。去别国的齐人志得意满，赴齐的别国之人充满钦羡。

宁戚是养牛的好把式，他把许多心得传给百里奚。在王子颓那里时，百里奚常常想起宁戚。回到虞国，百里奚听说宁戚得到重用。

宁戚已经离开人世，可他的业绩载入了齐国史册。宁戚饲牛，不过是在等待时机。如果一直饲养下去，他能将牛养得再劲健又怎样？不过还是一个饲牛的。宁戚死去已经十五年了。那时，他也是戴竹笠，披褐衣。那个夜晚，他跟齐侯说了些什么？

他养的那些牛怎么样了？他的养牛之法一定流传到了齐国民间。

宛邑这座大城以制造上好的铠甲、兵器和弓箭闻名。它在楚国北部边境上，像道门户。楚国在这一带修筑了好些方形小城，用以防御抵挡北方诸侯南下。百里奚望望北方，目光被那牛样的山挡回来。山北是周王朝，再北就是已亡的故国虞、为俘的晋，西北则是秦——他差点儿前去的陌生之国。

鸤鸠叫得更欢快了，夜晚即将来临，该回去了。风大了些，河面上吹来的，不仅有水的腥气，还有淤泥的陈腐之气，已有几颗星出现在天空。

哞——哞——牛儿望着百里奚，甩打尾巴。

"从黄昏喂牛一直喂到快要半夜时。"百里奚轻轻哼起，"啊，长夜漫漫，何时天才能亮了？"

五张羊皮

"夫人，昨天翻看带来的陪嫁简策，寡人看人员名单中有个叫百里奚的，怎么后来没有见过？"秦伯问。

伯姬蹙了下眉，启口："百里奚？听说过这个名字。臣妾不知他做了陪嫁人员，更不知道他去哪里了。"她面向秦伯，"待会儿上朝，可问公子挚，他是当初负责前往晋国迎亲的，应该知道。"

去年冬天，伯姬辞别父亲，随同秦国大夫公子挚一行来到秦国，嫁给了秦伯。

新的一天刚开始时，总是带着朝气。臣子们上朝时，跨进宫殿第一道门，总不忘用清醒的眼瞥一下正对大门的萧墙。在萧墙上，用大红、大绿、大黄线条描绘出一只硕大的凤。那鸟引颈向上，立在一座挺拔的山上。山是白的，没有施漆。一只喜鹊停在萧墙顶上一角，哗啦啦地拍打着翅膀，叫出声来。

"子显大夫，晋国陪嫁人员中有个叫百里奚的，哪里去了？"秦伯开口。

堂下臣子们，有的挺直身子，有的看着堂上，有的直视对面，有的左顾右盼。听到叫自己名字，气定神闲的公子挚站了出来："君上圣明，是有个叫百里奚的，在半路上逃跑了。"

"是个什么样的人？"秦伯追问。

"这个——"公子挚迟疑了下，"臣不知。"他寻找着公孙枝，"子桑大夫一定知道。"

公孙枝站到了公子挚旁边。众人这才发现，两人真是奇怪的一对儿：都是高大身材，公子挚瘦，公孙枝胖。公子挚面部线条柔和，鼻梁平缓；公孙枝线条粗糙，鼻梁高挺。公子挚悠闲，这会儿有点急；公孙枝急躁，这会儿倒是不紧不慢。

"百里奚是一位贤人！"公孙枝望着秦伯，"荀息为晋国借道时，百里奚知道虞公不纳谏而不进谏，这是智慧；亡国后，跟从虞公一路到晋，拒绝舟之侨之劝，不仕仇国，这是忠义。"他稍加思索，语气放缓。"百里奚文韬武略，有经天纬地之才，可惜命运多舛（chuǎn），他半生漂泊，一直没有遇到好时机！"公孙枝满是遗憾，好像不是替百里奚抱不平，倒像是替秦伯惋惜似的。

今年刚一打春，黄河上的冰还结着，公子挚一行带着丰厚礼物去晋国迎亲。

为了睦邻，即位五六年后，秦伯向晋求婚。所求伯姬是晋侯长女，申生的姐姐。晋侯让史苏以蓍草占筮，不吉利。又让郭偃以龟甲占卜，吉利。从卦象上判断，晋秦两国就像松柏一样，要世世代代有姻亲之好。秦国将会三次安置晋国之君。晋秦宜于婚媾，不宜为敌。史苏不服，晋侯回答，听从筮，不如听从卜，这是卜筮之法，卜既然吉利，又怎能违背？

有陪嫁之物，还有陪嫁之人。老迈的晋侯问臣子们送谁。

舟之侨第一个站了出来，"百里奚居心叵测，不愿仕于我国，既然如此，不如将他送与秦国。"

"这个——"荀息反对，"虞亡国时，百里奚跟随虞公左右。有人劝他离开，他说：'我在虞国享受俸禄，怎能不报答虞公，而在这时离开？我没智慧，不能使虞国免于覆亡；如今再不效力虞公，分明又是不忠了。'"荀息瞅了一眼舟之侨道，"百里奚说，既不智，又不忠，怎么能为人臣？"

舟之侨脸一红，嘴唇动了动。

"不料百里奚心如磐石，劝说不动。"荀息又道："还是劝说不够，这是为臣的过错！时至今日，他还是个奴隶。不过他要是去了秦国，只怕万一得到秦伯重用，那就对我晋国不利了。"

晋侯似听非听，半天传下话来："一个亡国之臣，一个奴隶，有什么可惜的。再说如果真有才能，也不会等到这么一大把年纪了。随他去吧，我看百里奚没什么才能。"

烈日下，正在建设一座新宫。工地上，百里奚的白发显得扎眼。他正在瞄准，让人用绳子绕过两边的桩，将挡土板缚正。"左边上头再往里一点儿！"他远远地站直了，头朝左歪，又朝右歪，用目光测量正不正。"百里奚，你过来下。"监工的人叫他。百里奚来到监工的人面前。

监工的人走了，百里奚呆呆地站在那儿，半天没反应。

"我有治世之志，却没遇上明君，眼看大半生过去了，原以为就此了结，不想又被抽去做陪嫁人员。真是一个天大的侮辱！"一缕白发遮挡住了他的双眼。

迎亲的是公子挚，送亲的是舟之侨。百里奚走在人群里。陪嫁人员有一二十号，有男有女，女的居多。有老有少，老的只有几个。换上新布衣裳的百里奚有些不大习惯。也可能是，他确实老了，与那些新鲜衣裳不搭，但他步子仍然那么利索。他望望前头，又瞅瞅后头。

过了黄河，陪嫁人员向西南行进。谁也不知道什么时候百里奚不见了。也许是昨晚，也许是今晨。当重新清点人数，准备整装出发时，舟之侨核对人员，发现百里奚不见了。没人怀疑他是走不动了才离队的，他肯定有了什么想法。往西是秦国，往南是楚国，往东、往北是晋国。"这个

在陪嫁的人员中，换上新衣裳的百里奚在寻机逃跑。趁人不备，百里奚跳上马，飞快地离去了。舟之侨在清点人数时，发现百里奚不见了。

百里奚，不知要去哪儿？"舟之侨心里嘀咕，随他去吧。舟之侨仿佛甩掉了一个包袱。

"寡人怎么能够得到百里奚呢？"秦伯问。

"君上，听说百里奚到了楚国，在宛邑为人饲牛。"看来，公孙枝心里惦记曾有几面之缘的百里奚。

原来公孙枝从晋至秦不过几个月。去年冬天公子挚去晋国求婚，返回秦的路上碰见一位壮士，两手各握一耒，在地里劳作。公子挚大为惊讶，停下来询问，得知壮士名为公孙枝，他本是晋国公族，只是早已沦落田间。秦伯求贤若渴，在公子挚盛情邀请下，公孙枝到了秦国，被拜为大夫。

公孙枝曾经见过那位有点儿倔的虞国大夫。

"寡人备上厚礼，去楚国要回百里奚，楚王会答应吗？"

"如果这样，百里奚就来不了了！"

"这是为何？"

"百里奚居于宛邑，为人饲牛，说明楚王不知道他的才能。君上突然以重礼索要，这是表示百里奚有才能啊。知道百里奚有才能，楚王定会加以任用，还会放他回来吗？"殿上的秦伯，殿下的臣子们，都在听公孙枝讲话。"依臣看来，君上不如以追捕逃亡之人的名义，说要杀一儆百，将他赎买。"公孙枝扭头，盯了一眼公子挚，仿佛商量似的说："这也是当年齐国赎买管仲的办法。"

"好办法！"秦伯兴奋地站起来。

谁不知道齐国从鲁国赎走管仲的故事呢？齐侯还是公子小白时，与兄公子纠争位。公孙无知被刺身亡后，两人都往回赶。纠的心腹管仲，在半路上射中小白带钩，小白差点儿毙命。小白佯死，先行一步回到齐国继位。管仲奉纠之命返回鲁国。齐国大败鲁国，鲁公害怕，杀了纠，又囚禁管仲，准备送往齐国。鲁国大夫施伯知道管仲乃天下奇才，劝鲁公或是重用，或是杀了送尸于齐。小白心腹隰朋赴鲁国，对鲁公说："齐侯对管仲恨得咬牙切齿，要亲手结果了他，如果你们送个尸体回去，还不如不送。"鲁公一听，听从了隰朋的建议。管仲到了齐国，齐侯拜他为相。

"如果赎回百里奚，我看就用一个奴隶的

公孙枝对秦伯说，如果楚王知道百里奚有才干，就不会放他。公子挚对秦伯说："我看就用一个奴隶的价——五张羊皮。"秦伯兴奋地说："五张羊皮，这个办法好！"

价——五张羊皮。"公子挚对秦伯和公孙枝说道。

"对，对。"有人附和。

"要用上好的黑公羊皮。"有人觉得太便宜了，不甘心似的。

"秦国市场上的好羊皮，那是世上少有的！"有人拉长声调，"远在江淮水乡的楚国怕是更难见了。"

"子显，退朝之后你就去市上，寻那五张羊皮去！"秦伯打断他们。

"是……"

百里奚夜晚住在小棚子里，外面树上的麻雀喧噪过后静下来。在寂静的长夜，百里奚一遍遍地回想过去的岁月：千里迢迢离开故国，到了东海之滨，却又返回，兜个大圈子。有了小富贵，可家没了。做了大夫，但雄心壮志似又不在此。欲展示一番，却亡了国。做了俘虏，差点儿又做了陪嫁的媵臣。大半辈子过去了，却像少年时候一样给人饲牛。时光流转，但境遇却变得越来越差。难道要一直这样下去，将一把老骨头埋在这里？

五张羊皮　39

岁月荏苒，百里奚的身子骨倒是越来越结实，好像还在等待着什么。

哞——哞——牛儿总是不急不忙，仿佛岁月还长着呢。

百里奚一边走，一边思索。

禽息当车

在晨曦中，老大夫禽息走在空荡荡的雍城大街上。

殿脊当中，有一只硕大陶凤。禽息往东走了几步。陶凤脑袋上一簇羽毛紧束，仿佛妇人头上挽的大髻，光洁、利索。它的眸子圆突，围着眸子一圈一圈，像是眼圈，实是装饰纹样。面对禽息这一侧的翅膀蜷曲着，像一片云彩。为了平衡，工匠将两只腿稍稍前移。在后腹下，工匠烧造出一条鱼尾形的尾，卷着向前伸下，作为一个支撑。凤的颈部是鱼鳞纹，背部是龟纹，翅上是回旋纹。禽息揉了揉眼，还是看不出腿部是何纹样。

禽息站着，回想昨晚的那个梦：太阳出来，天地一片光明。日光照在山的南边，每一座山岭、每一道山沟都清清爽爽、干干净净。山上有白色石头，梧桐吐出繁花，一串一串的，黄、紫相间，围绕花间的蜜蜂嗡嗡地叫。泉水溅起水珠，从山顶流下。锵锵——锵锵——从山顶上飞下一只凤凰。禽息定了定神。凤凰翅上的长羽发出五彩的光。凤昂首挺胸，神态自若地向前踱着。凤凰飞向梧桐，无枝可栖，又落下。反复几次，凤凰落在地面，头朝向上，眸子盯着梧桐。

"山是岐山，没错。这凤是人才之兆。秦国终于等到这一天了。"一觉醒来，天还没亮，禽息坐起。"这个人才不是百里奚，又会是谁呢？不能再等下去了。"坐在黑暗中的禽息想。

禽息走到秦国宗庙大门正前方，神情庄重，两膝跪下，双手分开，叩首于地。

离开宗庙，禽息去拜见秦伯。天渐渐热了，街上行人多起来。这是一座西北大城，远离中原，人民的口音像一阵不会打弯儿的风。街上散发一股股膻气，羊、牛、马等货物充斥于大小摊位。

"听说过那个用五张羊皮换来的百里奚吗？"

迎面一个中年男子说，"真是奇怪，跑那么远，就为用五张羊皮换回一个奴隶！"

"是个奴隶。"有人搭上了腔，"不过，那可是五张上好的黑公羊皮换的。那天我见公子挚大夫又是挑，又是拣，费了半天工夫。"

"听说，这个奴隶都一大把年纪了。"第三个人加入他们，"那天我路过客栈，见一个老人出来，头发都白了，比我父亲还大。这人肯定就是换回的奴隶。唉，这么一大把年纪，连耒都扶不动了，要他来做什么？"

"说是要做大夫，治理国家。"第二个人回答。

"要是我，早就在家等死了。"第三个人笑了。

禽息停了一下，又迈开脚步。步子有点儿颤，一走一顿。他胡子银白，面色红润，带些浮肿，也许是昨晚没休息好。他个子不高，但如一块石头横亘在道上，不容忽视。街上的人，大多数人不认识他了。

上完朝后，秦伯要去打猎。昨晚，他做了个奇怪的梦：梦见他们的马车出了雍城南门，驶向西南方向。到达陈仓山前，秦伯看见有一只野雉高高立于大椿树上，朝着他们一声一声地叫，像是召唤。它光彩照人像是要下来，却又下不来。内史廖对他说："君上见到了这只雉，得到了它，就可以称霸。"可是怎么能得到它呢？不能用箭射，也不能用手捉。

向内史廖说完这个梦，秦伯决定，立即准备车马，前往陈仓山。

"开门！我要见君上！"老大夫禽息到了王宫前的萧墙内。

"谁？"年轻宫人对他说，"不许乱来，这可不是一般地方，不是在你家里。"

禽息跺了跺拐杖，依旧站在大门外。

马车声越来越近，大门缓缓地打开了。四匹高头大马迈开蹄子，衡、轭上的铃清脆地响。站在车左边的正是秦伯。御者猛地一拉缰绳，四匹马很不情愿地将蹄子落到地上，它们的头高高昂起，龇着白牙。

"君上，禽息求见！"

秦伯寻着声音看去，"啊，是禽息老大夫。"

"老臣有事，望君上停留片刻，容臣上奏。"

"哦！"秦伯神色缓和下来。

"听闻君上不远千里将百里奚从楚国赎回，想重用他。但如今百里奚住在客栈里，却是为何？"禽息抬头望着车上的秦伯。

"这个——"面对精明的老大夫，秦伯索性实话实说，再说他还急着出门。"寡人赎回百里奚，本想立为大夫。不料客人还没来到，朝廷上下，乃至民间，却沸沸扬扬，闲言碎语一大堆，说什么用五张羊皮换人才，从没听说过。"秦伯将手按在剑柄上，"寡人私下想想，这事要是传出去，恐怕要被当成笑柄。"

"君上，这几天里，老臣去了客栈，与百里奚交谈过。"禽息从容地说，"此人出身虽然卑微，却大有识见，有治世之才，可堪大用。"

"寡人想来，百里奚到过多国，如果真怀璞抱玉，为何一直不被重用！"

"那是时机不到，也许是为我国留着的吧。"他的眼中有一丝欣慰。

"呵，一个陪嫁的奴隶，媵臣。"秦伯说。"寡人想来，眼下秦国是需要人才，但也不能操之过急，不加选择。秦国地处关中，消息不畅通，不能随便将别国弃置不用之人，仓促迎入殿堂。"

一阵细风吹过，萧墙外飘下一朵桐花来。

"媵臣！"禽息禁不住哈哈大笑："昔时那个伊尹不也是个媵臣！他不过是有莘氏之国一个做饭的奴隶，可他的贤名传遍天下。为了得到他，商汤一次次屈驾前往有莘氏之国，带上玉、帛、马、贝。驾车的彭氏之子认为不值得，商汤立即将其赶下了车。可有莘氏之王偏偏不放伊尹，最后商汤迎娶了有莘氏之王的女儿，伊尹才以陪嫁奴隶的身份来商。"禽息站得有点累了，他将拐杖挪了挪。"来商之后，伊尹发挥才干，商朝大治，最后商灭掉夏。"

"老大夫说得没错，不过伊尹那时可是名动天下。"

禽息举起左臂，用袖子擦了下额头的汗。"百里奚声名不显，那是时机不到。他气宇不凡，只等一用。老朽此前从没见过像百里奚一样的贤才，他堪称秦国百年一遇之才。"

"老大夫有些急了。急不得！"

"秦国建立较晚，地处一隅，关山阻隔。"禽息提高嗓门，"东方之齐驰骋天下，如今秦之邻国晋、楚吞并周边小国，渐渐坐大，已经威胁到秦国了。君上整天说要延揽人才，壮大秦国，可是真正迎回来了，却又空搁一边！"禽息声音沙哑，不知是渴了，还是怒了。他的双手颤抖着。

"容寡人再议。"

"什么？还要再议！"

"老大夫息怒！"

"臣已经老朽，过去不能为国效力，如今来了贤人，却又不能让其为君上所用，活着又有何用啊！"禽息扔掉拐杖，冲着东侧大门使尽全身力气，猛地撞了上去。

东侧那匹马惊恐地抬起蹄子，朝天嘶鸣。御者慌忙将缰绳一拉，车轮一动，车厢也跟着晃动起来。"啊——"秦伯打了个趔趄，双手扶住车前横木，两行热泪从他的眼里流下。

禽息当车　**47**

彻夜长谈

　　换上新衣裳的百里奚离开客栈，穿过行人渐稀的街市，向秦伯宫室走去。百里奚跨过寝门，进入内庭。

　　老大夫禽息为他争来被秦伯召见的机会，在兴奋之余，百里奚胸中也涌起阵阵酸楚。

　　"井伯来了，有请！"

　　声音雄浑的秦伯站在堂下。他挥起宽大袖子，有请客人上去。

　　"谢过君上！"百里奚躬身施礼。秦伯拾级而上，百里奚紧随其后穿过柱廊，进入室内。

　　秦人崇黑，墙上、柱上多施黑漆。室内显得庄严、肃穆，亦有压抑之气，夜晚因此来得早了些。灯火已经点燃，火光照在秦伯那张求贤若渴的脸上。

揖让之后，两人坐在蒲席上。

"井伯辛苦，寡人承教！"

"君上屈尊，不胜荣幸！"

"井伯经历坎坷，见多识广，贤能闻于诸侯，忠信达于华夏。井伯能来秦，真是寡人梦寐以求的美事。"秦伯看着百里奚，"秦国地处边陲，与戎狄为邻，被诸侯遗忘。各国往来频繁，时有会盟，秦国如何才能与诸侯并列，沐浴文明之风。"秦伯深吸一口气，"今夕何其有幸，愿听井伯教诲。"

"臣不敢！"火光摇曳，百里奚坚毅地说："秦国所在，乃是周人勃兴之地。周人苦心经营，渐成大业。文、武之世，攻灭气数已尽的商，坐拥天下。平王东迁洛邑，襄公举兵一路护送，列于诸侯。护卫周王室，秦人立下第一等功。处于戎狄之间，秦人与戎狄反复较量，疆域越来越大，声名远播。镇守周王室西北门户，秦国功不可没。在周人旧址上，建国时间不长的秦，必将会有一番大作为。"

秦伯、百里奚坐在蒲席上，谈了一夜。百里奚语重心长地对秦伯说："要开民智，就要把臣民当作自己的亲人、自己的朋友……"。

"当今天下诸侯不肯相让，东方齐国雄风未歇，晋、楚两国又成了气候。"秦伯接着说，"秦已感到晋、楚的咄咄逼人之势了。"

"虢、虞未亡时，与秦、晋一道，拱卫周王室西北门户。虢、虞虽小，但位置重要，虞据茅津之要，虢扼崤函之险，一夫当关，万夫莫开。东迁洛邑以来，西北戎狄不敢侵扰周王室，依赖于此。"百里奚停顿了一下，"晋国捷足先登，吞并虢、虞，将两处要道抢占，以后秦国东出怕是难了。"秦伯眉头一皱。"然而不利之中，岂无有利之因？"百里奚声音高亢起来，"崤函之险固然阻挡秦国东进，但是列国也不会轻易前来，不敢打秦国主意。他们不挑起战争，秦人没必要起兵应付，如此可以安下心来发展生产，增加人口。虽说有西北戎狄窥视秦国，动辄大动干戈，但战事不大，影响有限。这也正好让秦人不要忘记武备。"百里奚目光在对面墙上停留了一下，"如果没有虎豹追赶，鹿也不会那么敏捷了。"

秦伯臀部离开脚踵，渐渐升高，上身倾向百里奚。

"井伯之言，让人豁然开朗！"秦伯兴奋起来，"秦国要强大，国内又应如何去做？"

"国要强大，无非在于三者——君、臣、民。"百里奚回答，"君在于德，臣在于能，民在于智。"

"有请井伯仔细道来。"

"以国家为怀，以苍生为念，是为君之德行。君若修德，首要的是纳谏。明君接受谏言，从善如流。昏君拒绝谏言，致使国破家亡、百姓流离。国君德行好，必定欢迎进谏。多纳谏，德行自然好，按照谏言行事。知道不难，难的是实行。要听其言，行其事。"外面起风了，百里奚听见堂下风吹树叶的声音。"臣是辅佐君的，负责实施君的命令。他们是君的左膀右臂，帮君治理国家。爵位不可授予小人、奸人、坏人，而应授予有能力的清廉之人。秦应当广揽英才，把他们安排在合适的职位上，让他们发挥一技之长。"百里奚接着说，"要开民智，让百姓明白什么是好的，什么是坏的；什么是对的，什么是错的；什么事该做，什么事不该做。愚昧无知的人，什么也做不成，什么也做不好。不开垦田地，不种植桑麻，不狩猎狐兔，不营造宫室……不效命于战场，不效忠于国家，国家就失去了根基，一切无从谈起。不要像防水、防火一样害怕人民。民智不开，国家就会粗鄙、落后。"

"君、臣、民好比一个人的脑子、经络和血液。"

在南方天际，银河西岸，九颗星组成尾宿，好似龙尾。距离尾宿不远，有颗明亮的星，是为傅说。它明亮极了，从没像今夜这么明亮过。它的光芒映在淡淡的银河边上，也照在脊顶高耸、灰瓦层叠的秦伯宫室上。它闪烁着，犹如置于天上的一盏灯。

"虞、晋俱是秦的近邻。井伯虽然初来乍到，对秦国之政之前一定有所耳闻。"秦伯不再回味刚才的话，缓缓开口，"对于秦国君、臣、民，井伯有何见教？"

周天子权威尽失，社会陷入"礼崩乐坏"的状态。政治、经济制度遭到毁灭性打击。周公制定礼乐制度，教化天下。周王室东迁以后，"秦弃礼义，尚勇力"。百里奚直抒胸臆："关东之人，常议秦国两件事：一是男女杂居；二是人殉之制。男女有别，长大后自当分室而居，岂可再处一起，这是不讲人伦。关东诸侯早以木俑、陶俑、瓷俑代替活人，秦国本来人少，还在以人陪葬，不可不改。"他接着讲，"民之启智，在于教化。教化之道，在于礼义。"

"井伯真如管仲！寡人不才，愿效仿齐侯。"

"齐侯纵横东方，称霸诸侯。"火光映照下，百里奚半边脸仿佛镀上一层轻漆。"臣明白，君上不愿长久偏据西地。秦国凭借天险，进可战，退可守。秦若进，虢、虞之阻已无，面对的只有晋国。今晋国贪得无厌，蚕食周边小国无数，土地迅速扩张。秦若出关，晋国自然不会视而不见。依臣之见，当下秦国应当避其锋芒，与其交好。秦若战，也要寻找时机，趁其不备。"百里奚挥了挥袖子，"秦不要贪心，不要急躁，不要轻易发出征伐号令，而应致力于国内民生。"

百里奚并无衰疲之色，他的声音回响于室内。百里奚的思想令人信服。秦伯回想起昨天上午的那一幕——

在公孙枝引领下，百里奚进宫，百里奚短褥虽旧，却精干合身，鬓角白发向上束住，帻巾也掉色了。

"可惜老了！"

"要让我投掷石头，追赶马车，射击飞鸟，与猛兽搏斗，是老了。但若商量国事，出谋划策，我还是壮年！姜子牙八十岁时，垂钓于渭水，被路过的文王碰到，虚心求教，拜为尚父。在他辅佐下，周人最后成就大业。"百里奚自信地说，"比起姜子牙来，我小多了"。

伫立在两边的群臣，交头接耳，窃窃私语。

"我蹉跎大半生不为明君所用，以至于后来我颠沛流离，寄人篱下。如果再碰不上一位明君，我这一生就白过了。"百里奚扫视左右，真诚地望着秦伯。"君上不以臣为亡国之虏，岂又生出衰残之年之感叹！"

"诚哉斯言！"堂上的秦伯喟叹一句，"夜里来见，以作私下之谈！"

"昔日文王于鱼吻之下得到吕尚，今日寡人于牛口之下得到井伯。"秦伯一时兴起道，"听说井伯饲养的牛，也是肥而有力。不知在饲牛上，井伯有何高招？"

"君上，我饲牛时，首先，什么时候喂食，什么时候让牛饮水，喂多少青草、干草，饮的水是冷是热，都要仔细考虑。其次，对牛不要施虐，不要随意鞭打，随意呵斥，要像对待亲人、对待朋友一样对待它。我心里时时装着牛，把它当作自身的一部分。"百里奚眼里充满智慧，"作为君上，要把百姓当作自己的亲人、朋友。"

"恭贺君上得到能臣，这是秦国社稷之福！"迎面走来的人是公孙枝。他左手提着一只白色大雁，大雁嘎嘎叫着，不像是要挣脱，倒像在欢呼。大雁的洁白的羽毛与公孙枝那红色的脸膛形成鲜明的对比。

"君上，臣愿将自己的上大夫之位让于井伯。"公孙枝跪了下来。

秦伯一愣："这怎么行？"

"我没有什么才干，而居上位，使君上失去威信。见了贤人而不让位，又使自己失去为臣之道。"白雁拍打双翅，似乎想让主人松手。"得到贤人，是君上圣明。见贤不让位，则是我的过失。我请求让位，以了心愿。"公孙枝说。

秦伯对百里奚说："一夕长谈，方知子桑大夫和禽息老大夫所言极是。寡人何德，上天为我大秦送来治国能臣。寡人虽远远比不上商王武丁，但井伯却是傅说再世。想不到虞地之上，相隔几百年，居然出了两位如此杰出的人物。其中一位竟然来秦。这是寡人之福、秦人之福！"在越来越明亮的日光下，百里奚双目清澈，根本不像七十多岁的老人。秦伯扶起公孙枝说，"子桑，我不能因为得到一位贤人，而失去另一位贤人。"那只白雁嘎嘎叫着，似在回应。

故人蹇叔

"寡人得到井伯,犹如成汤得到伊尹。"想起禽息之言,秦伯无限感慨。"井伯,寡人要你位居上卿,助寡人治理秦国。"

一夕长谈,秦伯眼圈有些黑了,百里奚额上皱纹更密、更深了。

"君上,"百里奚忽然说道,"臣有位故人,名叫蹇叔,宋国人。"顺着秦伯的目光,百里奚也看到陶凤。"臣之才远远不及蹇叔。君上若要治理国家,何不把他请来?"

秦伯一怔:"寡人已经领教了井伯经济之才了。至于蹇叔,寡人没听说过。"

"蹇叔的才干,非但君上没听说过,"百里奚叹息道，"宋国人知道他的也没几个，蹇叔的才干我却知道一点儿……"

百里奚一路向南，出了齐境，进入宋国，到了一个叫铚的城邑。风尘仆仆的百里奚，在一株开花的大楸树下，停了下来。他又累，又饿，又渴。百里奚的嘴唇干裂，起了一层白皮。对面来了一人，正是蹇叔，他身材高大，右嘴角下长颗大痣。他走到树的阴影里，站在长途跋涉的百里奚面前。

当年，居无定所的百里奚住到蹇叔家里，为人饲牛。

日子一天天过去，那株大楸树枝间的蜜蜂渐渐少了，花落了一地，结出一条条果实，长长地挂在风中。虽在宋国，百里奚心里惦念的仍是齐国。齐国的消息不时传进他的耳朵。

"我听说，齐国换了新君，如今在招贤。"百里奚刚刚饲牛回来，他身上散发着一股青草味儿。

"井伯想去公孙无知那里做事？"

"正是。"

百里奚千里迢迢从虞国到了齐国。临淄城大，也很繁华。然而对于一个来自西方小国的人，这种繁华对百里奚来说无疑是一种讽刺。百里奚行走在齐国的街道上，心情沉重极了。

"我想去一试。"

"井伯为何看好齐国呢？"

"我淹留齐国多年，对齐国颇有了解。"百里奚说，"齐是吕尚封国，讲求建功立业。齐地广，东濒大海，西接大河，南有泰山，地理位置极佳。有海则有丰饶的渔盐之利，有河则阻挡了卫晋诸国之窥。齐西南之宋、东南之鲁，势力不能与之相比。而其东侧的鸟夷小国正在被其吞并。"

"这是天险、地利。"

"齐国频频出征，灭掉纪国，征服鲁国，攻伐卫国。百里奚想参与政事，可惜无人引荐，到不了齐侯跟前。如今齐侯死了，公孙无知继位。公孙无知弑君虽然有罪，但也是齐侯咎由自取。"

"齐侯淫乱其妹，为长相厮守，竟然派彭生杀了她的丈夫鲁桓公，天下谁人不知。为了搪塞鲁国，齐侯又将加害鲁侯的公子彭生杀了。齐侯答应连称、管至父两位大夫，戍守葵丘一年就换防，却

百里奚要为王子颓饲牛，蹇叔劝百里奚："大丈夫不可以随便追随他人……不值得为其效命却又一起患难，则是不智。"

不守信，结果两人丢掉了性命。为齐侯不惜性命的徒人费、石之纷如、孟阳，虽然视死如归，却是附庸昏君，所言所行不可谓大节。至于灭纪、服鲁、伐卫，纯是自恃国力，毫无信义可谈，诸侯不服。齐侯正如井伯所言是咎由自取。"蹇叔问百里奚，"但是公孙无知值得你出仕吗？"

"公孙无知弑君有罪，但我之所以看好齐是……"

"天、地、人三才中，人最重要。"没等百里奚说下去，蹇叔打断了他，"公孙无知得其不当得，必将很快失去一切。齐国如今的情形井伯不会不清楚。大夫高国称病不朝。齐侯两个庶弟纠、小白哪个不是可以为君的公子？小白在鲍叔牙辅佐下早就出奔莒国。纠在管仲、召忽的帮助下动乱后也已到了鲁国。一有机会，他们就会复国。有公子纠、小白在，公孙无知的地位岌岌可危。"蹇叔两眼闪着智慧之光。"公孙无知失去一切的那一天会很快来到。井伯怎能前去呢！"

不久，公孙无知果然被大夫雍廪刺杀。

百里奚越来越沉默了，他陷入深思。牛的叫

声将他拉回现实。他的眼睛常常望向天空，怅然若失。

"我听说，王子颓好牛，为他饲牛的人都获得了丰厚的报酬。"一天，百里奚踏进蹇叔的家门。蹇叔转过身来，看到百里奚的脸消瘦了。

"我想去投奔王子颓。"百里奚眼神里透着坚定。

"哦，"蹇叔眉头紧皱，严肃地说，"大丈夫不可以随便追随他人。追随了一阵再放弃，则是不忠；不值得为其效命却又一起患难，则是不智。"他那颗痣在说话时更明显了。"你真要去，我不能强留。过段时间，我会去洛邑看望你的。

比起临淄，成周更壮观。百里奚见到了王子颓。此起彼伏的牛鸣仿佛在热烈欢迎百里奚的到来。百里奚一头扎进牛群，穿梭在牛的阵营中。他就像一个低阶军曹突然升为将军。面对这么多的牛，就像面对一支庞大的军队。百里奚以前的谋生技艺居然有了大用处。王子颓和百里奚常常面对面站在牛群中，讨论饲牛之法。

蹇叔赶来了。百里奚晒黑了，但却神采奕奕。

经百里奚引见，蹇叔见到王子颓。王子颓正在拌饲料，他一边埋头搅动饲料，一边似听非听地斜眼瞅了下新来的客人。

"井伯，"蹇叔跟百里奚边走边聊，"我看王子颓必败。我们不如趁早离开这里，免得遭殃。"蹇叔看着百里奚，等他回答。

"来到这里不过几天，兄何以见得？"百里奚不解地问。

"一个人的喜好不能超过一个度。作为周王室的公子，王子颓做得实在有些过分了。君子讲究养德，他却一门心思沉浸于饲牛，以至于忘记了别的事情。这是很危险的事。"蹇叔接着分析，"凭借他是当今天子叔父这一身份，王子颓有恃无恐，日益骄横。天子厌恶他的这一喜好，已经开始打压暗中勾结王子颓的五位大夫，削减他的势力。牛是善良、迟缓之畜。亲近牛的人，其性情与牛必有相近之处。这几天里我已看出，王子颓骄横而又懦弱，难免作乱。一旦作乱，王子颓必败无疑。"一头高大的牛疯了一样远远地窜过去了。蹇叔语重心长地说，"乱起时，井伯到时想要脱身就来不及了。"

几年之后，王子颓因发动叛乱被杀。昔日热闹的牛苑，现在只剩下一个个空牛棚，地上长满了杂草。

"故国离成周倒是不远，往东走，再往北，过茅津渡，即可到达。"站直后，百里奚开口。

"虞国有位大夫叫宫之奇，井伯一定听说过。"蹇叔说。

"宫之奇大夫，我当然知道他了。"百里奚回答。

"宫之奇是我的一位老朋友，多年没有见面了。井伯若要回家，我正好一路相随，也看望看望他。"

渡过大河，两人进入虞国。他们没有直奔都城，而是折向东去，先到百里奚家里。百里奚轻轻推开柴门，门角上结了蛛网。院子空落落的，长满了蒿草。西南角上那株梨树孤零零地伫立在那儿，仿佛一直在等待主人归来。主人归来了，它却不能告诉百里奚的妻子、儿子怎么不在家了？去哪儿了？没有人可以给百里奚答案。

百里奚、蹇叔一路默默无语，赶往宫之奇家。

在宫之奇的引荐下，百里奚被虞公拜为中大夫。

在外奔波十余年，想不到又回到故国。在朋友的帮助下，百里奚做了中大夫。百里奚觉得，该来的总归要来。

"井伯，我看虞公小气而且刚愎自用，也不是做大事之人。"蹇叔又开口了。

百里奚一愣："弟早年出外，不被任用，如今回到故国，做了中大夫。若要再次放弃，这就像鱼儿又被抛上了岸。"

"井伯为了生计而出仕，为兄不好劝阻。"蹇叔似有满腹心里话要说，但打住了，"我不能久居这里，要回宋国去了。他日我们还会相见。"

虞亡国后，走在虞坂道上，百里奚随虞公一路到了晋国。

"君上，我两次听从蹇叔的劝告，避免了公孙无知之乱和王子颓之乱带来的祸患，我的性命得以保全。我有一次没听，结果罹于虞亡国之难，做了晋国俘虏，沦为奴隶，名列媵臣，其间所受的屈辱一言难尽！""蹇叔之智远远胜过我，因此我将他引荐给君上。"百里奚从容地说。

"怎么请他呢?"

"此等人才,若不为我所用实在可惜。只是蹇叔一向清高,无意功名。我可写封信,蹇叔珍惜友情,不会轻易推脱。公子挚大夫长于外交,善于言辞,君上可派他去宋国面见蹇叔。"

"得一而二,寡人何德,秦国有福了!"

不知蹇叔在故国做什么?大概还是甘于清贫、淡泊名利,一副百事通透的样子吧。百里奚想无论如何都要请他来,辅佐秦伯,建功立业。

五羖大夫

"刚刚过去的那位大人就是五羖（gǔ）大夫。"

"用五张羊皮换来一个大夫，这恐怕会成为故事流传下去吧！"

"嗯，是个传奇。"

小路边上站着几个农夫，他们指指点点，望着渐渐消失在视野尽头的百里奚。

做了秦国大夫之后，百里奚将关注点放在发展生产上，时常奔波于田间地头，深入到农夫中间。

百里奚没有车马，没有随从。从身后瞧，他仿佛步伐迅疾的中年人，心无旁骛地忙于政务。对面相逢，你会看到他的胡子有些枯黄，头发也有些稀疏，眼睛中有机敏的光。

天渐渐热了，尘土在脚下扬起，先前忽有忽无的风，这会儿无影无踪，让人断掉念想。有水的地方，就有路，就有人家，就有好土地可以耕种。百里奚一边走，一边思考。这泾、渭之间百里，周人在此耕作，如今又换成了秦人在这里辛勤耕耘。真是一块好土地！百里奚回过头，日光下，他眯了一下眼。田野里人多了起来。麦子已经收割，地里空荡荡的。晒完麦子，农人又忙活开了，真是一刻不得清闲。走在路上的百里奚与那些农人一样一刻不停歇。

有四个人，两两搭档，正在松土。面前的土地已经松了一大截子。

哪户人家下地这么早？百里奚停下脚步，站在地头打量起来。两个年轻的汉子快些。另外两个人，一个年纪大的，一个年纪小的，他们慢些。他们在用耜铲土。日头这会儿高了，日光也强烈了。百里奚额头上冒出了一层细细的汗珠。东方诸国用的是耒，顶端尖头；秦国用的是耜，顶端是平刃，大片牛骨做的。"秦人真是好力气！"百里奚赞叹道。

看到有人迎面走来，四个人里年纪最大的那个人停下来，有礼貌地说："大人，有何见教？"他的脸黑而瘦，脸上绽放着善良的笑。

与他配合的那个年纪小的农人，也停下手中的活儿。

"你们好啊，辛苦！"

"农人应当耕作，辛苦不算什么。"

"看土色，这是新田吧？"

"是，大人眼力真好，去年开垦的田地。"

"你们是一家子吧？唤何姓氏？"

"是，"年纪最大的农人依然不慌不忙地说，"小人子车氏，这是我的三个儿子。"他指着身旁那个年纪小的农人，"这是小儿子鍼虎。"鍼虎朝百里奚笑笑，有些不好意思。老人朝左后方望去，"那两个是老大奄息、老二仲行。"听到叫他们的名字，两个人没有停下手中的活儿。

"你们活儿干得这么好，一定世世代代耕作吧？"

"大人，"老人将手中的耜插进土里，"说起我

四个人站在百里奚旁边，百里奚念着老人的三个儿子的名字：奄息、仲行、鍼虎，暗自称许他们的勤劳。

们先人，也是公族，但命运流转，如今我们只好经年累月地躬耕田亩。"

"哦……"

"奄息、仲行两人松得快些……"百里奚像是自言自语。

老人也向坡上的树林瞥了一眼。"哈哈，"他突然笑了，说，"大人有所不知，老大、老二年纪相当，活儿干得都顺当了，配合得好。老三不太熟练，而我年纪大了。"老人又笑了一下，"他跟我配合，我来教他。"他盯着身边的小儿子，淡定地说，"年少首在戒掉急躁之气，需定下心来。"

百里奚打量起站在远处的老大、老二。个子稍高的是老大，肤色白些，表情严肃。个子稍矮的那个更像他们的父亲，脸上带着笑，一边一个浅酒窝，秀气些。兄弟俩对视了一下，走了过来。

到了跟前，兄弟二人朝百里奚点了点头。父子四个人站在百里奚旁边，他们脚穿草鞋，眼里有股沉静、坚毅之气。奄息、仲行、鍼虎，百里奚一边默念他们的名字，一边暗自称许他们的勤劳。他们应当为国所用，不能老死于田间。

正午时分，百里奚返回城中。

"大人回来了。天气这么热，大人辛苦！"门卫打招呼。戟在日光下一晃，发出刺目的光。

"回来了。"百里奚说。

街上这会儿人少，大家不是待在家里，就是待在房前阴凉里歇息。日光直射地面，将热流注入。

"百里奚大人不乘马车，不打伞，也不带随从，一个人走回来了。"

"他早早地就出了城门，我看见了。"

"他每天都是这样深入民间，也没什么架子，好像他就是我们当中的一员。"

"他从不高高在上，从来没见过这样的大人。"

"我们的地开得越来越多了，粮食打得也越来越多了，真是托他的福。"

"不顺心的事儿少了，大家过得比以前舒心多了。"

"那天有人叫他五羖大夫，他听见后没有生气，微笑了一下，好像还挺受用。"

"我们秦国何其有幸，我们秦人何其有幸，竟然遇上这么好的一位大人。"

百里奚匆匆地走向街心的十字路口。

忽然看到人往一起聚集。发生了什么事？他加快步子。

"……你们听听，有什么大不了的啊！就是这么芝麻大的一件小事情，至于弄得这么大吗？"

是公孙枝，百里奚心里咯噔一下。

晋国叔虎、齐国东郭蹇出使秦国。公孙枝对秦伯说："我想会见他们。"地处偏远，久在秦地，东方国家使者前来，大家总是很兴奋。公孙枝这一想法也可以理解。

"要见外宾，这是你分内的事吗？"秦伯的脸忽地一沉。

"不是。"公孙枝答道。

"是百里奚安排的你吗？"秦伯问。

"也不是。"公孙枝答。

"你要做的这件事根本不是你分内的。"秦伯声音低沉，一脸严肃地说，"秦国总被东方诸侯嘲笑，即使我们谨慎做事，还害怕被他们小看。今天你却要逾规去做分外之事，如果你敢去，寡人将治你的罪。"秦伯狠狠地甩了一下袖子，将公孙枝丢在了那里。公孙枝觉得秦伯有些小题大做了，他找到百里奚，让百里奚为他求情。

谁知公孙枝竟然跑到大街上，为自己申辩。

"公孙枝大夫，"百里奚接着说，"你这样做有些太过分了，你才是小题大做。"

"井伯大夫，非要逼我这样做嘛！"日光下，公孙枝的脸更红了。

"人一时难免会有错误的念头，打消了就好了。你为何这样顽固，不听别人劝说？"

"我认为这不是什么过错，你们对我有些太过分了。"

"不是别人对你太过分了，是你太过分了。"人们看到百里奚背上的汗渍，一个大大的、不规则的圆，犹如一轮湿的日头。"公孙枝大夫，请你回去。"百里奚大声说，"我将治你的罪。"百里奚咬着牙，"官员要恪尽职守，自古以来都是这样！我们秦国也不能例外！"

百里奚转身，人们看着公孙枝的背影越来越小，直到消逝不见。

"哼，公孙枝还没完没了了！"秦伯眸中窜出怒火，"他一向是个明白人，为何在这件事上如此钻牛角尖？难道他自以为有功于寡人，有恩于你，就有恃无恐！"

"君上，公孙枝大夫觉得这是件小事，说明我们的政治规矩还不是很明确，这是为臣的过错。"

"这还需要制定法规吗？"

"事无巨细，都得有一定之规。不示之以人，是无法发挥作用的。君上，臣虽殚精竭虑，但仍有不少缺失、遗漏之处。君上圣明，对公孙枝晓之以理。此事是个提醒，回去为臣就广集群议，详定百官职守。"

"井伯，公孙枝是你的恩人。"

"虽然是这样，但也要依律处罚！"

秦伯怒气渐息，感到天气太热了，他知道年迈的百里奚已在大日头地里走了几个时辰。没有风，秦伯也闻到百里奚身上的汗味儿。"井伯辛苦了！"秦伯话锋一转，"有什么值得说的事儿吗？"

"这正是臣接下来要说的。"百里奚微笑着说，"今天臣在田间遇见子车氏和他的三个儿子，奄息、仲行、鍼虎，个个一表人才。英雄起于田垄之间。在回来的路上臣打听到，他们的名声早已传扬于民间，他们兄弟三个被称作'三良'。这样的人才应为国所用，宜早不宜迟！"

"真是这样！"秦伯一阵兴奋，"看来秦国一方面要广泛吸纳来自东方诸侯的人才；另一方面还要善于在自己的土地上发现人才。"

"地有灵，人杰出，坐拥周人故土，这是秦国得天独厚之处，君上有福了！"

扊扅之歌

蹇叔登门，百里奚从案牍中抽出身来。两位老朋友到了一起，从旧日往事聊到眼下朝政。

小鼎盛了食物，置于大鼎当中。鼎之间塞满小冰块，用于降温，保持食物新鲜。堂后，西边坐着百里奚，东边坐着蹇叔。堂前两根楹柱粗而高，髹了黑漆。风吹日晒，漆已经泛白，有的地方剥落了，露出木质纹理。日光斜射着地面，湿重的水气让主人和客人都感到了丝丝的凉意。

“公子挚大夫前去宋国，若不是我致函，您恐怕不会来秦。”透过楹柱，可以看到百里奚比蹇叔矮一些、瘦一些。

蹇叔说：“公子挚大夫刚一邀请，我推辞了。

他说，如果我不前来，井伯也不会一个人留在秦国。我想井伯半生奔波，终于遇到明主，我一定要帮你实现理想。于是我关了家门，随同公子挚至此。"

"从前我住在兄的家里，你我二人共论时事，往日的情景历历在目，仿佛就在昨日。"

"是啊，那天瞧见站在大楸树下的你，虽然落魄，却似故人，所以我上前搭话，得以与井伯相交。"

"若不是兄，我没有今日。"

"井伯若是立下事功，我仍旧会归隐山野。"

农历六月，没有一丝风吹过。蝉的叫声慢悠悠地响着。堂前庑下，几位乐工正在忙活。此时，音乐是一剂最好的消暑药。

老妇人正将洗干净的衣服晾晒在绳子上。她着白衣，戴绿巾。衣已旧了，但还合身。头巾颜色有些淡了，一枝荆簪将其略微顶起，鬓边一绺花白的头发。在日光映照下，新洗的衣服散发着一股好闻的味儿。每当抬头时，她会眯起眼睛。

泠泠（líng）之音传了过来，庑下乐工开始演奏了。

老妇人望向庭院南墙根的大桐树。当庑下音乐响起时，她怔怔地站在那儿，侧耳聆听，她的脸上是娴静的神情。

有个下人穿过庭院，朝这边瞅了一眼。老妇人犹豫了一下，向那人招了招手。

"今天天气真好，"她开口道，"我懂得一点儿音乐，能不能带我去后面庑下去听一听？"

老妇人跟那个下人进了后面的庭院。东庑下的乐工弹拨琴瑟，西庑下的乐工敲击编钟。在庑下的阴影里，乐工沉浸于工作当中。有人昂起头，有人埋下身，仿佛进入忘我境界。

一阕完了，余音袅袅。堂上百里奚和蹇叔在说话，但听不见他们在说什么。

"哦，你在这儿！"抚琴的乐工似乎认识老妇人，他站起来，走到老妇人跟前。老妇人开口发问，乐工回答。老妇人眼中有种企盼，乐工先是一愣，有些为难，不一会儿眉头就舒展开了。

那个乐工走向管事的人。管事的人放下手中的乐器，走到堂上。过了一刻钟，管事的人又走了下来。站在一起的乐工和老妇人盯着管事的人一步一步走上去，又走下来。管事的人兴奋地走向他们，脸上带着笑。老妇人垂着手，事情进展得如此顺利，她有些出乎意料。

老妇人抱着乐工递过来的琴，感激地用眼神向众人致谢，她从西边拾级而上。众人很是诧异，都凝望着她。琴似乎有点儿沉，但她还抱得动。老妇人走向东庑下的正中间位置。百里奚看到缓缓走来的老妇人，他很惊奇，似乎想起了什么。老妇人斜着身子朝堂后点了点头，坐下，将那张桐木七弦琴置于膝上。她低下头，左手按弦，右手拨弦，开始试音。

乐工忽然听到堂上伴着琴声，传出苍老而又有些尖细的歌声：

> 忆起当初你走时，
> 炖了下蛋的母鸡，
> 劈了闩门的横木。
> ……

庑下，杜氏弹唱《庋廖之歌》："忆起当初你走时……"。百里奚认出老妇人就是他的妻子杜氏。

蹇叔看到百里奚身体后仰，瞪大眼睛，好像走神了："你是……"

老妇人对百里奚说："我是杜氏，原系虞国人。数年前丈夫出门，不知现在何处？走时我们的儿子孟明视才三岁，如今我和儿子流落在这里。"

"你是杜氏？儿子叫孟明视？"

"听说大人也是虞国人，认不认得我丈夫？"

百里奚站起来，走向杜氏："我就是百里奚，你的丈夫！"

杜氏将琴搁置一旁，也站起来。

百里奚和杜氏都记得分别时——

门轴吱吱地响，百里奚饲牛回来。他的身上总是带着日光、青草的味儿，还有一股汗味儿。草黄色的麻秆在屋后燃烧，在不稳定的光线下，杜氏正在专心纺麻。线团渐渐变大，像一个中间大两端小的梨子。麻是前几天百里奚从池塘里拉回来的，在水里沤了好久。

杜氏停下手里的活儿，站起来对百里奚说："辛苦了，快歇歇吧。"

进门要下几个台阶，台阶用石块铺成，石块松动了。下台阶时，百里奚打了个趔趄。

"我已告知主人，明天就不去了。"百里奚说。

"男儿志在四方，你不要放心不下，家里一切，我会打理好的。"

天还未明，屋里黑乎乎的。年幼的孟明视发出轻微的呼吸声。杜氏起来，点燃麻秆。百里奚蜷曲身子，打着呼噜。她走到屋后，手伸进陶罐摸了摸，把它翻转，口朝下，将碎米底子小心地倒进陶鬲（lì）里，放在灶台上。

百里奚翻了个身，也像儿子那样仰面向上，但把双手垫在头下。

小米熟了，一股清香飘散在空气中。杜氏将鬲从火上挪走。她若有所思地站了一会儿，看看百里奚，看看儿子。她朝门口走去，迈上台阶，轻轻拉开门闩，走了出去。微弱的星光照在地上。她走到南墙下，把鸡坿（shí）里那只老母鸡捉出来，进屋，将它宰杀。用水洗净后，杜氏将鸡放进另一个鬲里。她又生起火，火苗舔着鬲底，从三只足间欢快地窜出来。肉的香味儿越来越浓。她翻了翻红红的柴火，火焰大了，过了一会儿，火焰又慢慢地变小。那只老母鸡得炖半天，杜氏扫视屋子角落，没柴了。她走到门后，将门闩轻轻取下，走到灶台边，将其竖起，用刀劈开。火旺了，汤汁在鬲里吱吱作响。

仿佛是为了第二天赶路，也许是再不用去给人家饲牛了，百里奚睡得很香，醒得比往常晚了些。

一只老鼠在角落里机警地瞅着。百里奚站起，老鼠掉头钻回洞里。它闻到米和肉的香气，但因一直有火焰，有人，不敢出洞。平时屋里黑乎乎的，它们就在地上胡乱地跑，发出吱吱的叫声，穷人家里寻不出什么好东西。

百里奚和杜氏永远记得黎明时分别的那一刻，杜氏牵着百里奚的衣服，眼眶湿了，但她却没让泪流出来。百里奚望望眼前的路，回过头来，深情地凝视了杜氏好久，没有说话，然后转身上路了。

金色的光线穿过院子西南角那株梨树的枝叶，树枝绿绿的，叶子湿湿的，白色的花已经开过了。

"自你走后，我在家里白天采桑，夜里纺麻，替人做衣、染衣、洗衣，去地里拾遗落的麦穗等。虽然辛苦，但可以勉强生活。几年前发生旱灾，颗粒无收。不得已，我和孟明视一起踏上逃荒的路。一边乞食，一边顺路打听你的消息。转了一个大圈子，最后来到秦国。"

"你和孟明视受苦了！"

百里奚又问："你们是怎么到这里来的？"

"我和孟明视听说，秦国新来了一位大夫，是虞国人，名叫百里奚，心想不会是你吧。后来见你在街上走过，远远地看着像，却不敢认。几次从这里经过，徘徊很久，却没勇气询问。前些日子听说这里雇洗衣妇，心想何不前来一试，等有机会了再详细打探。今日听到音乐声，于是决定抚琴作歌，将身世诉说。"

百里奚也将他怎么到了齐国，以及因求仕不成，如何到了宋国并结识蹇叔，在成周替王子颓饲牛。回到虞国他做了大夫，沦为晋国俘虏，做了秦伯媵臣，半路上逃到楚国宛邑为人饲牛，又怎么被人用五张羊皮换了过来，这个过程他简略地叙述了一番。

"这就是蹇叔。"他转过身子。

"孟明视呢?"

"孟明视也在秦国，现在和朋友一起打猎去了。"

虽不像当年分别之际情郁于中，但说到穷困潦倒时，百里奚和杜氏也唏嘘不已。杜氏不时撩起袖子，擦拭眼角的眼泪。杜氏的嘴角还像以前那样，向上抿起，带着笑意。两人站在一起，个子相当，都消瘦、利落。

在他们故国那个老院子中，此刻一场雨后显出破败的景象。蒿草一人多高，挤满院子。草间蛛网上面布满小虫。用木棍别住的门上，一角也布满了蛛网。

韩原之战

前半夜刮大风，下了一阵骤雨，后半夜稀疏的星出现在天际。雨没下多长时间，地面踩上去是硬的。但在低处，形成了许多水洼。水洼清亮，透出凉气。已是九月，昨夜枕戈而眠的战士感觉夜很漫长。也许是天明开战，他们已经迫不及待了。

哇——哇——远处的树上，乌鸦无休止地乱叫着。

秦穆公十三年（前647），晋国遇上荒年，向秦国购买粮食。秦伯问百里奚的意见，百里奚曰："天灾流行，国家代有，救灾恤邻，国之道也。与之。"第二年，秦国陷入饥荒，晋侯却拒绝了秦买粮的请求。晋惠公采用了虢射的建议，不但不借粮，还发兵攻打秦国。盛怒之下，秦伯挥师长驱，直达晋地韩原。

秦军从西，晋军自东，相向推进。鼓声咚咚，人的呼喊声夹杂阵阵马嘶。车轮转动，后面是一列一列的士兵。御者居中，拉紧缰绳。车左抽出箭，搭上弓。车右边的护卫们紧攥发热的戈、矛、戟，斜指前方。车有前有后已经不成排了。车后的士兵犹如一条弯曲的线。鼓声咚咚震得人心直跳。因为昨夜的雨，经过的地面不像平常那样扬起大团灰尘。两排相向的士兵交锋了。

一辆车陡然停止。晋侯的车陷入泥泞之中。四匹毛色雪白的马，形体小巧，在那里打着转儿。外侧的两马，左边的向左，右边的向右，极力挣扎。中间的两匹马，后边是晃动的高高的辀，两边是尥蹄子的同伴，往哪边走都不合适，向前冲又被辄勒住。它们呼哧呼哧地，鼻子喷出白气，嘴里吐出白涎，光滑圆润的肚皮爆出条条的筋。"嘚——嘚——"驾车的郤步扬，手使劲地拽绳子，嘴里不停地骂："一点儿用也没有。"右边外侧那马，突然跪下去，显然是滑倒了。车子猛地一倾斜，左边的晋侯，右边的亲信撞到前面轼上。戈差点儿从亲信手中掉下。

"郤步扬，你是怎么驾车的！"晋侯恼羞成怒地说。

一辆车驶了过来。晋侯的脸上露出兴奋的神情，他大喊："庆郑，快过来。"

嘎吱一声，正欲驶过的车停住。

"庆郑，快救寡人。"

庆郑脸上露出惊讶的表情。"君上，"他大声说，"郑人所献的这些小马怎能上战场呢！上战场的都应是本国出产的马，它们长在自己的土地上，接受主人的调教，知道主人的心意，熟悉脚下的道路。占卜师说，让臣做您的车右边的护卫是最好的，你又不听。"郭偃正在泥泞中试图推动车轮，泥点子溅了一身，他把通红的脸扭向庆郑，眉心也有泥点子。

"不听劝谏，违背天意，君上是自找的，我又有什么办法？"

庆郑驾车去求援。而在别处，秦伯遇上了韩简大夫。秦伯的戈被韩简的戈压住。秦伯拼尽全力，

秦伯遇上晋国的韩简大夫。在战车上，秦伯的戈被韩简的戈压制住。在力量上，秦伯不敌韩简，情况十分危急。秦伯大喊一声："想不到寡人今日反被晋人俘虏，天道何在！"

他的脸变得黑紫，瞪着眼睛，牙齿紧紧地咬着。韩简比秦伯更高、更壮，他抡开双臂，死死地往下按，脸上露出得意的笑。韩简的脸上布满大雀斑，牙齿黄中带黑。晋惠公任命家仆为车右。车右是虢射，他持矛。驾车的梁由靡披着宽大的铠甲，甲片在脖子下围成盆大的领子。梁由靡一边挽着缰绳，一边注视着两人。

秦伯的铠甲上已经扎了七支箭，一支比一支扎得深。秦伯的戈越来越低，他的上牙咬在了下嘴唇上，他的眼里像要喷出火来。

"想不到寡人今日反要成为晋人的俘虏，天道何在！"秦伯大喊一声。

噢——噢——随着一片吆喝，忽然从西北角冲过来一队勇士，他们披头散发，裸露左边肩膀。在日光下，黄铜色的皮肤晃人眼睛。他们手持沉重的大刀，或者削尖的木棒，狂风一般席卷过来。这队勇士大约三百来人，好似迎敌的蜂群。他们正朝秦伯这边飞奔。

"不要伤了我们的恩主！"

韩简的戈一下子举了起来，虢射配合他。忙中添乱，从东北方向驶来一辆车。

"韩简大夫不要恋战，君上正被秦兵困于泥泞之中，速去解救！"韩简抬头一望，来的人是庆郑。

韩简于是撇下秦伯，撇下迎面而来、气势汹汹的三百勇士，掉转马头，跟着庆郑的车疾驰而去。到了那片泥泞地，哪里还有晋侯的影子？晋侯连同亲信早已被活捉了。四匹小马与车还在泥泞里，无望地打着转儿。洁白的马身上、髹漆的豪车身上，已被泥弄得一塌糊涂。

在仿佛从天而降的勇士的支援下，晋军大败，秦军得胜还营。

惊魂甫定的秦伯刚坐到营帐里，那三百余勇士就尾随而至，他们跪在营帐之外。

秦伯慌忙起身，走到帐外。

"你们是从哪里来的？怎么会拼死救寡人？"

跪在前头的勇士抬起头，他脸色赭红，嘴唇厚，上髭黑而硬。

"君上忘记去年在岐山下那群饱食你的马肉，痛饮你的美酒的人了吗？"

去年秋天，秦伯和臣子们驾车去岐山之南打猎。

"君上，真是好马！"百里奚眯起眼睛，望着队列前头没有负轭的骏马，它们撒开蹄子，迈着矫健的步子。

"井伯大夫，你知道，我们秦人素以养马闻名。多亏孙阳为寡人挑选出这么多匹好马！"

日光仿佛要将万物穿透。到了山前，秦伯和臣子们下了车。前头的那些马欢快地四处逛。

"井伯大夫，自你到来敝国，对于仁义，寡人已有了认识。你以仁义教导鄙陋的秦地子民。寡人想知道，对于仍旧难以开化、不想开化的那些人，该怎么做才好呢？"

百里奚认真地听着，温煦的日光并没有使他散漫。"君上，人生而有仁义之心，臣所做的只不过是让仁义指导人的言行罢了。如果不加以开导，仁义之举也并非没有，它只是体现在一些小事上。一个不开化的农夫也有仁义之心，他或许比站在朝堂上的臣子更具仁义之心。"

"君上，有一群野人，将我们走远的几匹马

宰杀了，正在分而食之。"一个小臣气喘吁吁地跑来。

"什么……"秦伯怒声冲天。

秦伯和百里奚等人跟着小臣向远处走去。秦伯很气愤，步子迈得大而快。百里奚对秦伯说："马已经死了，因此而杀人，百姓将会认为君上是以马为贵，而以百姓为贱！"

一只老鹰展开翅膀，越飞越远，消逝在天际。秦伯脸上的怒火渐渐消失了。

"寡人听说，如果吃了神骏的肉，而不饮酒，就会伤了身体以致死亡。"秦伯扫视站起身来、茫然不知所措的一大群野人。他们将烧得红黑的马肉，举在手中。肉香飘散，令人垂涎。秦伯转过身来说："拿好酒来！"

"野人尚且知道以德报义，晋侯远不如野人矣！"秦伯发出一声叹息。

晋侯和相随的一队臣子披头散发，垂头丧气，一颠一颠地，像是在梦里行走。

"唉！当年伯姬嫁给秦伯前，先君曾让史苏占筮，占卜的结果是不吉利，说是秦国将要在"宗丘"打败晋国。我们的车伏兔脱落，我们的旗被大火烧掉。因为先君没有听从史苏的建议，我才会有今天的下场。"韩简低头看到一脸晦气的晋侯，说，"卜卦不过是对事物的预测。成败的关键还是要看人的因素。国家的灾殃不是平白无故从天而降的，而是人的所作所为导致的！"

前面车上秦伯和百里奚也在谈战前的占筮。卜徒父告诉秦伯："吉利。晋侯的车被毁坏，我们俘获晋侯。我们的军队像风一样吹过晋国的山岗……"

"井伯大夫，寡人想起有关狐突老大夫的蹊跷事。"

"什么事？"

"五年前的一个秋天，狐突去晋国宗庙所在的曲沃，在大街上碰见死去的申生。申生让狐突登上车，为他驾车。申生对狐突说：'夷吾无礼，我已请求天帝准备把晋国赐予秦国，秦国将会祭祀我。'狐突回答：'我听说，神灵不享受别族的祭品，百姓也不祭祀别族的神灵。你的祭品恐怕会断绝了吧？况且晋国百姓有什么罪过？'申生说他考虑一下。'七天之后，在曲沃的街上，一个巫人会将我的决定告诉狐突。'说完，申生一下子不见了。七天之后，狐突在曲沃的街上果然遇到了一个巫人。巫人对狐突说：'天帝允许我惩罚有罪的人，夷吾将在韩原大败。'"

"君上，这固然是吉兆，但成败的关键是人事。"百里奚深吸了一口雨后的清新空气。"太子申生死不瞑目，是因为夷吾回国继承君位时，穆姬让夷吾好好照料申生的寡妻，可是夷吾一登上君位，反倒霸占了申生的寡妻。"百里奚回头望了一眼得胖而归的秦军，说，"夷吾回国是凭借君上的助力，晋国发生饥荒，是秦国借给晋国粮食。我们有恩于夷吾，他不但不报答，反而进攻我们。这恐怕才是晋国被打败的原因吧！"

秦誓崤山

时隔三年，为报崤之战失败的大仇，秦国发动王官之役。秦年深入到了晋国内地，一路所向披靡，得胜而归。

青翠欲滴的树林映入孟明视的眼帘，清新之气沁人心脾。孟明视忽然想起，离山前的老家越来越近了。山下道旁的那株大槐树像一朵碧云，撒下一地阴凉。

一路上静悄悄的，水井边上，不见一个人影儿。只有几株高出院子的槐树、香椿、榆树的枝条探出院墙来，像是在与这些陌生人打招呼。

"孟明视，寡人闻听去年赵衰就说，如果我们再与晋国开战，晋军一定会躲避我们。"秦伯望着孟明视，意味深长地说，"我们将是不可抵挡的！"

百里奚的儿子孟明视正当壮年，英气逼人。
"君上，尽管是这样，秦军也不得掉以轻心。在渡
河后，下令烧掉所有的船。如果胜利，我们何愁找
不到回去的船？如果失败了，我们只有一死，也不
用回去了！"

来时的烧船景象，谁会不记得？秦军到大河之
东，每艘船上留一两个人，放了火，船上的人迅
速地跳下船。所有人的脸绷得很紧，露出肃穆的神
色，不说一句话。他们心里激荡着豪情。

"孟明视，"秦伯没有胜利后的得意，反而愈
加谨慎地讲，"我们接连三次败在晋人手里，如果
这次还是无功而返，寡人和你还有何面目去见秦国
父老？"

"秦军失败了三次，怒气已经积压于心，只待
爆发。匹夫之怒尚且难以平息，何况三军之怒！"
孟明视说，"提振士气在于军民同心。这几年里
蒙君上不弃，在父亲的教诲下，臣得以全心全意
治军。"

在王官和郊地得胜之后，秦军回国的路线不是

从蒲津渡河原路返回，而是南下翻虞坂，渡茅津。这会儿，他们就行进在虞坂道上。山上清凉的风吹过，秦军斗志昂扬。

当年孟明视的父亲百里奚从这里离开虞都去晋地，他想象着父亲当时的心情。孟明视在虞国长大，在这条道上走过不知多少回。现在路上的车辙也比当年更深了吧。路不好走，好在天气不热也不冷。

秦伯到了茅津，他站在船上，面向东南，远方正是郑国。晋、楚反复拉拢郑国，这也让秦为了郑国与晋交战多年。

秦伯打量着孟明视，他想起了几年前的那个晚上。

夜色昏暗，营帐里坐着秦伯和百里奚。营帐在汜水之南。汜水是位于郑都东侧的一条小河。位于平原低地上的郑地湿热极了。

门外忽然传来哭声，声音越来越大。

秦伯和百里奚停止讲话，那摇曳的火焰似乎更不稳定了。

"什么人？"秦伯起身向帐外走去。

"君上，有个从城墙上溜进来的郑国人，说有要事求见。来者不善，又在夜里，我们拦住他，他急了，竟放声大哭。"秦伯和百里奚看到，一位须发皆白的老人颤巍巍地向他们走来，身子佝偻着。

"外臣乃郑人烛之武。"

"为何来这里哭泣？"

"外臣之所以哭泣，是因为郑国要灭亡了！"烛之武接着说，"郑国灭亡不可避免，但外臣来这里哭泣，也是为秦人哀叹！"

"进来说！"

"秦、晋两国合围于郑，郑危在旦夕。如果灭郑对晋有利，外臣也就不前来了。"烛之武又说，"秦军跑这么远，为的是将郑灭了，好送给晋。邻国扩大了，自己的领土没有增加，相对而言其实就是削弱了自己。外臣不明白，没有一点儿好处，君上为何要不远千里到此。"帐幕动了动，外面起风了。"晋国贪得无厌，今天它在东边虎视眈眈地盯着郑国，不知哪天就会掉头向西，窥视秦国的土地。"烛之武瞥了一眼坐在对面的百里奚。"您不是不知道当年虞国帮助晋国出兵灭虢，后来却将自己送入虎口，虞鉴不远！"

"烛之武讲得不对。"百里奚俯身贴在秦伯耳边，轻声说，"秦军此番前来，并不是要与晋军一道将郑国消灭，瓜分它的土地，而是给它一个教训。秦人僻居西北，一直无法东进。那年勤王，秦军已经到了河边，晋侯捣鬼，结果独得功劳，大获周天子和天下诸侯的赞扬，得以称霸天下。如今秦军东出，与晋军夹击郑国，是在东方表明秦的力量，也是为将来东进打探情况。"百里奚不看烛之武，无视他的存在。

见百里奚停下，烛之武又说："如果您让郑国幸免，秦国使者经过此地，郑国供应一切，不也是一件好事吗？"

"烛之武在离间晋、秦两国，君上不要听！"百里奚提醒秦伯。

外面的风刮得更大了，吹进一些尘土，帐篷要被吹倒了。秦伯静静地听着，若有所思。他陡然站起，将宽大的袖子一挥，高兴地说：烛之武大夫所言极是！

"孟明视，悔不当初啊！"凝视滔滔河水，秦伯开腔，"寡人后悔没有听从你父亲的建议，烛之武才使危卵之下的郑国得以保全。后又听信杞子之告，拒绝你的父亲和蹇叔的劝谏，出兵袭郑，结果遭到晋人与陆浑之戎夹击，酿成崤山之败。多少秦国子弟陈尸荒野。"秦伯神情黯然。

　　孟明视难过地说："君上，崤山之败，臣有不可推卸的责任。秦军经过周北门时，乘车人员按照礼节下了车，可是脚没站稳，随即就跳上车。王孙满虽小，看到这种情形，也预测说秦军轻佻，一定会失败。郑国商人弦高用四张熟牛皮和十二头牛，以犒劳之名让我们滞留。他一边欺骗我们说郑人已经知道我军前去，一边私下派人将消息送往郑国。我返程经过崤山时，没把蹇叔老大夫临别时的告诫当一回事，结果中了埋伏，几乎全军覆灭。想来全是孟明视不才，伤了秦国元气。"

　　"郑有烛之武，秦有你的父亲和蹇叔，而且寡人又有孟明视，秦军定将再振雄风。"秦伯坚定地说。

　　"承蒙君上信任臣，臣怎敢不尽心尽力！"

军队折向西，崤山进入视线。孟明视的思绪飘回三年前：那时他和西乞术、白乙丙带领秦军西归，就走在这条路上。郑国没灭成，秦军顺手灭了滑国，带着掠来的物资返回秦国。山道崎岖，四匹马儿不能并排前进，只好解下两旁的骖马。车颠簸得厉害，车上的人也下来了，扶着车的侧面。山中突然响起阵阵鼓声，呐喊声此起彼伏，直上云霄。一身黑甲的晋军自北面，露着肩膀的戎兵从南面一起杀来……

"君上，路过崤山，何不捡回秦军尸骸，予以埋葬。"说话的人是由余。

时令要比三年前晚两三个月，山中已有几具尸骸暴露在眼前。有人指着山坡说："那里的尸骸大概有七八具吧。"几个人将脑袋伸了出去，望着涧底。想起三年前，秦人的哭嚎声日夜不绝。人们见面，总也绽放不出笑容，仿佛丢了魂。

"停下，就地掩埋尸骸！"

大家将长枪插于地上，爬上山坡。

一只乌鸦尖叫着从岩上飞过。秦伯、孟明视站在那里，想起当年蹇叔哭师的情景——

"不远千里去袭击别国，人家怎能不事先得到消息，并加以防备呢？"在杞子派来的那个使者的陪同下，秦伯召见孟明视、西乞术、白乙丙，让他们从东门出兵。秦伯不听劝谏，蹇叔对着孟明视大哭："我看到你们出去，却看不到你们回来了！"

秦伯强忍着怒气，他不想再见蹇叔。蹇叔从军队里找出他的儿子，又是一阵大哭："晋人必定要在崤山抵御你们，你们将死在那里。我的儿！想不到你们会陈尸于异国的土地。你们的魂魄什么时候才能够得到安息呢！"

人群中，有人在咒骂："这个乌鸦嘴！"远远站着的郑甘嘴里发出"啊——坏"的声音。百里奚扶着老友的右臂，眼里饱含泪水。

日光下，人群聚拢在一起。秦伯身披素服，沥酒祭奠亡人之魂，他放声大哭："大家听着，寡人有重要的话告诉你们，人只听自己想听的话，就会常出差错。如果别人规劝你，乐于倾听是多么不容易！贤良的老臣，虽然体力上不占优势，但寡人愿意亲近他们。在谋略方面，年老的贤臣胜过强壮勇猛的赳赳武夫！国家的安定繁荣，要多依靠那些有能力、有谋略的人。寡人心里的悔恨不会随着时间的流逝而被遗忘。寡人要以此为戒，细心听取贤士之见。请你们明鉴！

秦霸西戎

从崤山归来，秦国征服了十二个小国，开辟疆土上千里，成为西戎霸主。受周王室之遣，召公携带金鼓前来祝贺。

召公望着秦伯说道："自我大周一统天下以来，戎狄各部不断骚扰华夏，这已成为心腹大患。更有甚者，当年犬戎竟然攻破镐京，残杀我臣民，毁坏我宫室，掠夺我珍宝，又在骊山戕害大周的先天子，罪恶滔天。

幸有秦之先君襄公和晋文侯一起驱赶犬戎，拯救黎民百姓于水深火热之中。在平王东迁洛邑之时，襄公又与晋文侯一路护驾，不辞辛苦。

此后，秦文公赶走西戎，将我大周岐山一带悉数收回，将岐山以东之土献与王室。方今秦君承继先祖英烈，挥戈西戎，'益国十二，开地千里'。华夏诸侯无不拍手称赞。天子欣闻西垂捷报，特遣小臣前来，贺以金鼓！"

秦伯收礼，还礼并致谢："厉王之世，西戎竟把我犬丘秦人同族灭了。先人秦仲奉宣王之命讨伐，也被西戎残杀。先君襄公何其有幸，收复镐京，护驾东迁，为王室奉献绵薄之力。天子垂爱有加，将秦国列为诸侯，又将岐山一带分封给秦。秦人感激不尽，何敢言功！"

"齐曾为燕讨伐山戎，为邢、卫驱赶狄人，但不能征服西戎。"召公身材颀长，声音带有磁性，他接着说，"方今秦君长驱直入，攻城略地，降服西戎，威慑天下，为秦国立下不世之功。从此大周无西方隐忧，而秦国人民亦可安居乐业矣！"

外面天寒，殿堂之上却欢欣鼓舞，犹如在相连的、寒风凛冽的日子间，突然插入一个小阳春。

"降服西戎，最应感谢的应当是由余大夫。"公子挚挺直后背，接着说，"如果不是对西戎地形、城防和兵力了如指掌，秦国不会在一年之内轻易取得如此大的成绩。"

众人都将目光投向由余。他身材粗壮，在睿智的眼神之下，有股温和、平静之气。这个来自西戎之人已在秦为官好几年了，但众人还是不时在他身上感受到缕缕异域之风。

"由余不敢！"他恭敬地说，"若不是井伯老大夫，由余如今也不会站在这里，不会助大秦一臂之力。"

邻国日益壮大，緜（mián）诸王对他的臣子由余开口道："我听说秦国之所以强盛，是因为他们得到了一个贤人百里奚。由余，你去秦国打探打探，看看百里奚有何治国良策。"

见由余前来，秦伯带他参观宫室，欣赏奇珍异宝。由余并不羡慕，反倒说："君上，我听说治理国家的关键在于节俭，而非奢侈。"

秦伯怏怏不乐地去见蹇叔："寡人听说緜诸有了贤人，寡人甚为忧虑！"蹇叔答道："内史廖会有办法"。

"戎人听不到优美的音乐，见不到绝色的美

女，君上以此相送，迷惑戎王，堕其志气，使其荒于政事。"内史廖一副深思熟虑的样子，他接着说，"设法留住由余，让他长时间待在秦国，戎王就会对他产生怀疑。君臣不合，我们就有机可乘了。"

戎王果然中计，由余回去后屡次进谏，戎王再也不听他的话。秦伯多次派人劝由余归顺秦国，由余答应了。

"擒贼先擒王！縣诸归顺以后，秦军所向披靡。"由余说。

"由余大夫的计策真是妙极了！没想到西戎部落是一盘散沙。"公孙枝称赞道。

秦军沿着渭水上溯，翻过陇山，向西北行进，最后到达他们原先的居住地秦邑。秦军在秦邑举行秘密祭祀，祈求先人非子保佑他们出兵胜利。

秦军以迅雷不及掩耳之势包围縣诸。縣诸城正好位于秦邑与犬丘中间。当年非子因为给周王室养马有功，孝王将秦邑分封给他。非子将他的臣民从犬丘迁到秦邑。縣诸人麻木的原因更多的在于他们的王已经沉溺酒色，难以自拔了。

在攻打縣诸城时，鍼虎做先锋，他第一个冲进戎王的帐篷。当时，絲诸王醉醺醺的。帐幕揭开，歌女惊叫，戎王惊醒了，顺手摸向腰边。但刀不在，戎王早习惯不带刀了。戎王睁大牛眼，大喝一声，手伸向酒樽。鍼虎一个箭步跳过去，将他摁住。

"鍼虎大夫威武！"丕豹说。

"'用兵之道，攻心为上'，戎人强悍，他们若是闹事，局面会让人难以收拾。秦国处于戎人部落大半个包围圈中，连年受到滋扰，想必也见识过他们的脾性。"由余一边看着百里奚，一边说，"去岁絲诸发生雪灾，百姓饱受饥寒之苦，是井伯大夫提议，赈济灾民，并亲自将粮食送到絲诸，无数人得以活命。絲诸黎民感恩戴德，永记秦的救命之恩，有了归附秦国之心。"

去年冬天，西北之地天气严寒。大风呼呼刮个不止，吹断了草，吹折了树。一连几天大风过后，天气忽然转晴。正当人们举首仰望、兴庆不已时，天上突然飘下雪花来，雪越下越大。絲诸百姓从没见过下得这么猛、这么久的雪。成群的牛羊被冻死。戎人钻进帐篷，火堆不灭，人们缩着脖子围坐在一起，贫穷之户有的因饥寒而死。

消息传到秦国，百里奚坐不住了，他对秦伯说："君上，当年我们曾救济晋人，如今戎人处于危难之中，我们也应当出手相救。"

"君上，自古华夷有别。夷人狼子野心，反复无常，他们掠夺我们的粮食、财物、人口。如今遭受天灾，我们不趁机攻打就不错了，怎么反倒救助呢？"郑甘提出反对意见。

如何决断，秦伯并不着急。人老了，总会犹豫。他踱来踱去，百里奚的话听着更有道理。于是他下令："无论华夷，百姓无辜。戎人有此一劫，我们不能坐视不管。"

百里奚带着奄息、仲行等一队人马，押着装满粮食、衣物的大轮车，向緜诸进发。在冰天雪地里，緜诸城好似被遗忘在旷野里的一块白色石头。听到由东而来的咯吱、咯吱的车轮声，戎人斜着身子，从帐篷缝隙向外窥视。"快来啊——快来啊——粮食送来了，来分粮食吧！"他们发疯似的冲出帐篷，形容枯槁的戎人犹如风雪中的枯树。他们不敢相信秦人会来赈灾，用肮脏的手使劲揉着眼

縣诸发生雪灾，当地百姓处于饥寒状态之中。百里奚建议，赈济灾民，并亲自送去粮食等。縣诸百姓永记秦的救命之恩，有了归附秦国之心。

晴。戎人看到金灿灿的小米、御寒的冬衣，他们那被严寒、饥饿摧残的脸上露出笑容。大人们兴奋地领取支援物资，孩子们呆呆地打量着一切，几个老人索性跪下，嘴里喃喃自语："秦人以德行天下，戎人永世不忘！"

百里奚眼含热泪。他走上前，一个一个扶起戎人。

"人心可以被感化，緜诸百姓感激秦国，后来他们才会心甘情愿地归附。"仲行忽然开口。

看到弟弟沉浸于去年那次西行，奄息补充道："其他西戎部落随之降服，既是出于对緜诸归附之举的认同，也是因为我们的仁爱之心。"

堂上鸦雀无声，众人凝视着百里奚。百里奚颧骨突出，眼窝深陷。他的衣服旧却整洁，整个人看起来好似日光下的枫树，身形瘦削。但一旦站在朝堂之上，百里奚却像一块磁铁一样吸引众人的目光。

"后方牢固，秦国才能太平，秦国经营西方已有大略。"百里奚咳嗽一声，说，"臣已老朽，平定西戎，全依大家齐心协力。由余大夫贤明有识，又有子车氏三兄弟为辅，秦国后继有人。”

"由余大夫原是晋人，流落西戎多年，如今来到秦国。公孙枝、丕豹两位大夫也是晋人。"公子挚自豪地说，"晋国阻挡我们东进的步伐，没想到我们反倒在西方取得如此巨大的成就。"

伯乐之论

"王室派召公前来，赐以金鼓。继先人非子、襄公之后，君上使我秦国声名再一次远播于华夷间，可喜可贺啊！"孙阳接着说，"西戎归附，在我看来，有了最佳的找寻良马之地。井伯大夫知道，当年周穆王周游天下，所乘八骏都是来自西戎。赤骥、盗骊、白义、逾轮、山子、渠黄、骅骝……还有绿耳，这些名字，听起来就让人兴奋。"

百里奚看到，从进门起，兴奋之色就一直挂在孙阳脸上。

"当年为穆王驾车的造父出自嬴姓。因为驾车有功，造父被穆王封在赵城，这样才有了赵氏。"百里奚接着说，"嬴姓之族自古善于驯马，也是驾御良马的好手。在造父之前，孟戏、中衍是商王太戊的御者，他们辅佐有功，成为诸侯。非子一支原先居住在犬丘，紧挨着緜诸。非子驯马技术娴熟，做了周孝王的养马官。他就在汧、渭之地每日放牧、调教成百上千的马，周孝王将秦邑分封给了他。兵强马壮才能征战，秦国能有今日，除了秦人勇猛，还少不了那一匹匹好马。"

"有些马天生就是好马，我不过将它们挑选出来，并加以训练。"孙阳谦虚地说。

"可不是这么简单。"在百里奚眼里，孙阳是那么自信，又是那么机警。

"井伯老大夫以前养过牛，"孙阳忽然想起什么，开口道，"马与牛一样，它们都通人性。"

"是啊。"百里奚答道。

"那年我在虞坂碰到一匹骏马……"孙阳的这个故事后来到处流传。为了寻找良马，孙阳足迹遍布山南海北。有一次，他途经虞坂，虞坂是运盐古道。山间的车迤逦（yǐ lǐ）着，孙阳忽然看到前面有匹马不走了。只见那马四蹄伸开，膝盖夸张地弓着，身上到处都是疤痕和伤口。那车左摇右晃，就是不往前走。啪——啪——鞭子抽打在马身上。孙阳急匆匆解下身上的麻布衣服，给马披上，他的眼睛湿润了。那马扭过脖子，睁大眼睛望着孙阳，忽然马低下头，喘着粗气，骤然昂首朝天嘶鸣，声若金石。

山间的鸟纷纷惊飞。

"是匹好马，卖不卖？"孙阳说。

马的主人心想，这是一个什么人？怎么会有人看上这匹光吃草料、不出活儿的劣马？

孙阳将从虞坂买回的马牵给秦伯。不出几日，在圉（yǔ）人的精心调理下，那马干瘪的肚子鼓起来，根根可数的肋骨不见了，马的眼中充满感激与渴望。它抬抬蹄子，一阵长鸣，跑远了。一会儿，马又跑回来，地上的尘土还没散尽。"真是一匹神骏！"秦伯和臣子们惊叹不已。马看着孙阳，孙阳看着马，就像老朋友一样。

"孙阳大夫，骏马遇上你，才有了未来！"百里奚感叹道。

百里奚感慨的除了那套在轭下的、不得其用的骏马，还有埋没在芸芸众生中的人才，以及故国与艰辛往事。百里奚老了，但他的精神依然矍铄。

百里奚和孙阳成了知己。童谣从街上传进来，欢快的调子有些尖细，声音忽高忽低。百里奚和孙阳倾听着那好听的童谣。

"民间叫你伯乐，几乎忘记你的名字。伯乐是天上的神仙，据说他负责管理天上的马。我想将来人们一定不记得孙阳，他们以为伯乐就是你的本名。"百里奚拈了拈胡须，笑着说，"你为秦国挑选、培育出那么多匹好马，它们驰骋于疆场。没有你，秦国怎么能行呢。"

孙阳诚惶诚恐地说："老大夫过奖了，在下不才，只不过大半辈子，眼里看到的，心里想到的都是马。关注久了，对马的见识自然会增长的。孙阳也不过是个平常人，天下人谁不知道老大夫的功绩：辅佐君上，三次置立晋国之君；在由余协助下，降服西戎。"百里奚依然是宠辱不惊的神色。

"在秦国深得民心，百姓爱戴老大夫；以德行天下，晋人感激您两次输粟之举，戎人称赞您雪地送米之情。您又举荐了蹇叔、子车氏三兄弟等人才。老大夫才是真正的伯乐呢。秦国面貌一新，秦作为一个偏僻小国迅速崛起，君上也被任命为西方诸侯之伯。这万世大业，老大夫居功第一。"

百里奚沉静如往常，平和地说："世人都以为是我举荐了蹇叔，其实是他最早举荐了我。我壮年时游历东方，穷困潦倒，是蹇叔收留了我。我想出仕于公孙无知之朝，是他好言相劝；我为王子颓养牛，危难时，是他及时带我离开；看到我求仕心切，他将我推荐给宫之奇，做了虞国大夫——其实，蹇叔的本意并非如此，他知道虞公是什么样的国君。如果不是你这个伯乐，虞坂道上那匹骏马不免受尽鞭挞，最后劳累而死。没有蹇叔，我恐怕也要和公孙无知、王子颓一起身败名裂。"百里奚忽然将脸扭到一边，悲痛地说，"可惜，蹇叔老大夫殁了。"

"井伯老大夫不要伤感。"孙阳安慰道，"我和九方皋也像老大夫和蹇叔一样惺惺相惜，也曾不知疲倦地彻夜长谈。"

"对我有过知遇之恩的还有禽息和公孙枝大夫。为了推荐我，禽息不惜献出性命。为了我，公孙枝竟然要求降职。"我不敢辜负他们的一番好意。"百里奚踌躇满志地说："君上励精图治，大夫们积极向上。当年我不来，也会有大批人才纷至沓来。"

"当年也是听闻君上招揽人才，我才斗胆离开郜国，千里迢迢投奔君上。"孙阳说。

"郜国居于大国之间，又无天险可守，先后依附于宋、鲁，郜君目光一向短浅。若不离开，恐怕也是空怀一身绝技，平生一事无成了。"百里奚又语重心长地说，"良马都在西戎、北狄之地，您能在弹丸之境学得相马之术也不容易。"

咚——咚——是杵米的声音，节奏舒缓而又有力，是那种有耐心的人所杵出的声音。这声音让人觉得岁月也是不急不躁的。

"良马需要伯乐发现，更需要好的御者。"百里奚将话题提升到另一个境界。

"我曾为当今天子挑选良马，他的御者让四匹最好的马驾驶一辆车。鞭子一扬起，车几乎要裂了，天子非常生气。四匹都是骏马，可是御者却不善于驾驭它们。好的御者会选择不同等级的良马相互配合，让那力量相当、脾气相投的两匹马居于当中，而让另外两匹马居于两边，这样才能有主有次，协调一致，车也才能既快又稳。"他又补充，"马对御者有恭敬之心，车跑起来就会轻快；反之，车就会沉重。"

"总结得好！譬如治国，臣子们品德、能力有高下，要把他们放在不同位置上，发挥不同作用。"百里奚兴奋地说，"君上就是一位了不起的御者，他让臣子们发挥各自的作用，譬如公子挚善于外交，不佞子孟明视善于治军。"他思索了一下，接着说，"更重要的是，君上有一颗宽宏大量之心，胸怀之广阔当世罕见。不然——"他将头一低，"孟明视早已先老朽而去了。"

孙阳脸上露出肃然起敬的表情。他说："秦军在崤山战败，孟明视与西乞术、白乙丙三位大夫从晋国侥幸逃回，众人都说他们罪该万死，可是君上硬是顶住压力，仍让孟明视治军。不料次年在彭衙又战败了，遭到晋人耻笑，引起国人的不满。君上意志坚定，不听非议之声。孟明视大夫兢兢业业，如履薄冰。终有王官一役，秦人长驱晋国腹地，一雪前耻"孙阳更加高兴，"君上不替换孟明视，坚信他有能力灭晋，最后终于打败了强晋。君上真是国之好御者！"

　　百里奚欣慰地说："人才也是如此，新人不断涌现。我虽然老了，但有由余和子车氏三兄弟等贤人辅佐君上，秦国会更强盛。"

　　一个"甚光美"的时代来临了。

●◎晋献公二十二年（前655）

———————————————————————————

晋灭虢后顺手灭虞，百里奚与虞公被虏。

●◎秦穆公六年（前654）

———————————————————————————

百里奚作为晋献公女儿伯姬的陪嫁人员，在去秦国的路上逃至楚国宛邑，为人饲牛。秦穆公用五张公羊皮将其赎回，授以国政。百里奚推荐故人蹇叔。

●◎秦穆公十三年（前647）

———————————————————————————

晋国发生饥荒，向秦国借粮，秦穆公听取百里奚之言，输粮于晋，史称"泛舟之役"。

●◎秦穆公十五年（前645）

秦晋韩原之战，晋国大败，晋惠公被俘。后来在伯姬以死相
逼的情况下，秦穆公放了晋惠公。同年，晋国又发生饥荒，
秦国再次输粮于晋。

●◎秦穆公三十年（前630）

秦与晋联合围郑，郑国烛之武夜里游说秦穆公，秦国退兵。

●◎秦穆公三十二年（前628）

秦穆公不听蹇叔和百里奚之劝，以孟明视为帅，千里迢迢偷
袭郑国。

●◎秦穆公三十三年（前627）

秦军袭郑不成返国，途中于崤山遭到晋军伏击，几乎全军覆
灭，孟明视与西乞术、白乙丙被俘。

●◎秦穆公三十六年（前624）

秦军发动王官之役，大胜晋军，途经崤山，掩埋殽之战时秦军阵亡将士的尸骸。

●◎秦穆公三十七年（前623）

秦国益国十二，开地千里，遂霸西戎。